洞 见 人 和 时 代

近观
05

颜真卿传

时事只天知

[日] 吉川忠夫 著
王孙涵之 译

四川人民出版社

图书在版编目（CIP）数据

颜真卿传：时事只天知/(日)吉川忠夫著；王孙涵之译. -- 成都：四川人民出版社, 2024.11. -- ISBN 978-7-220-13799-0

Ⅰ. K825.72

中国国家版本馆CIP数据核字第2024D69M66号

"GAN SHIN KEI DEN–JIJI WA TADA TEN NOMIZO SHIRU"
by TADAO YOSHIKAWA
Copyright©2019 TADAO YOSHIKAWA
All Rights Reserved.
Original Japanese edition published by Hozokan Publishing Co., Ltd..
This Simplified Chinese Language Edition is published by arrangement with Hozokan Publishing Co., Ltd. through East West Culture & Media Co., Ltd., Tokyo.

四川省版权局著作权合同登记号：图〔进〕21-24-151

YANZHENQING ZHUAN: SHISHI ZHI TIANZHI

颜真卿传：时事只天知

[日] 吉川忠夫 著　王孙涵之 译

出版人	黄立新
策划统筹	封 龙
责任编辑	冯 珺　刘颖璇
责任校对	谢春燕
封面设计	周伟伟
版式设计	张迪茗
责任印制	周 奇
出版发行	四川人民出版社（成都市三色路238号）
网　址	http://www.scpph.com
E-mail	scrmcbs@sina.com
新浪微博	@四川人民出版社
微信公众号	四川人民出版社
发行部业务电话	（028）86361653　86361656
防盗版举报电话	（028）86361653
照　排	四川胜翔数码印务设计有限公司
印　刷	成都东江印务有限公司
成品尺寸	130mm×210mm
印　张	6.125
字　数	120千
版　次	2024年11月第1版
印　次	2024年11月第1次印刷
书　号	ISBN 978-7-220-13799-0
定　价	68.00元

■版权所有·侵权必究

本书若出现印装质量问题，请与我社发行部联系调换

电话：（028）86361656

前言

FOREWORD

在中国书法史上,唐朝颜真卿,是可与东晋王羲之相匹敌的响当当的人物。因朝廷授予其鲁郡公之爵,故后人往往称其为颜鲁公。

颜真卿出生于唐中宗景龙三年(709),而被后人尊为"诗圣"的杜甫,则生于三年之后,即玄宗即位之初的先天元年(712)。北宋苏轼,曾如此评价二人:"鲁公书与杜子美(杜甫)诗相似,一出之后,前人皆废。"(《东坡题跋·记潘延之评予书》)尽管颜真卿与杜甫平生仅有一次交集,但两人其实是生活在同一时代。

先天二年(713)十二月,唐玄宗改年号为开元;其后,又改开元为天宝,玄宗开元天宝的治世延续了四十余年。天宝十四载(755),安禄山反。安禄山之乱及其后的史思明之乱，后世总称为"安史之乱"。如同晴天霹雳一般，安史之乱令玄宗治世的璀璨黯然失色，而唐王朝亦急转而下，步入衰落。安禄山原是以范阳（今北京）为大本营的军阀，安禄山之乱后，不服唐王朝的军阀，亦即节度使指挥下的藩镇势力，往往割据一方，尤以华北地区为剧。在安禄山之乱爆发的前一年，即天宝十三载（754），《资治通鉴》谓天下户数，有九百零六万九千一百五十四户；人口数，有五千二百八十八万零四百八十八人。胡三省注云："有唐（唐王朝）户口之盛，极于此。"至代宗广德二年（764），《通鉴》谓天下户数，有二百九十余万；人口数，有一千六百九十余万。胡三省注云"丧乱之后，户口减于承平什七八"，即与和平安定的昔日相比，唐朝的人口损失了七八成。《通鉴》所记户口数，是否正确反映实际情况，或有疑问，但并不妨碍将其作为在安史之乱后，唐王朝统治能力显著下降的一个指标。

人生过半，身处如此惊风骇浪之中的颜真卿与杜甫，无不被这时代的风浪所左右。杜甫不得不与家人走上流浪漂泊之路。颜真卿虽然在朝廷有着比杜甫高得多的地位，却正因如此，人生反较杜甫更为波澜万丈。在安禄山叛乱之际，他果断出击，坚持抵抗，平原太守颜真卿之名连玄宗也有所耳闻。而在人生的最后，颜真卿作为朝廷的使者，前去招抚怀宁节度使李希烈，以壮烈之死，结束了一生。

　　身处险恶时代的颜真卿,《旧唐书》卷一二八、《新唐书》卷一五三为其立传,而颜真卿留下的各类书法作品及数量不少的诗文,也至今流传。以此为依据,本书总体以传记形式来追溯颜真卿的平生,尽力为其作一幅等身大的肖像。

中译本凡例

1. 原书所引中文史料，或用汉文训读体，或用现代日语加以翻译。今查核引书，回改为中文（文言文）。唯词义古奥之处，依作者日文原译，略加括注，以便读者理解。

2. 引文之外，原书行文中所用中文史料，或有未标明文献出处者，或有改写化用者，或有参照各书记载而修订者，情况较为复杂。翻译时，在查明原据文献之上，综合作者对史料的处理，回改为中文（文言文）。

3. 作者对史料的解读，对史实的考证，或有可商榷之处，翻译时尊重原书面貌，不作删改。明显的错谬及读者容易误解之处，则加"译者注"以说明。

目 录
CONTENTS

第一章 光辉家世及其成长经历 / 001
书生门户 / 001
节义传统 / 006
书法传统 / 009
父亲颜惟贞 / 013
幼少时期 / 018

第二章 初入官场 / 024
青云之志 / 024
张　旭 / 027
刚正之官 / 033

第三章 安史之乱 / 040
羯胡安禄山 / 040
气骄凌上都 / 043
渔阳鼙鼓动地来 / 049
平原太守 / 051

青年李萼的献策 / 056

危机逼近 / 058

离开平原 / 061

奔赴行在 / 065

第四章　缓过气来的唐王朝 / 069

重返长安 / 069

《祭侄文稿》与《祭伯文稿》 / 073

《争座位帖》 / 078

第五章　抚州刺史时期 / 086

《麻姑山仙坛记》 / 086

《魏夫人仙坛碑》 / 092

《华姑仙坛碑》 / 095

《李含光碑》 / 100

与佛教的因缘 / 102

《蔡明远帖》与《八关斋会报德记》 / 107

第六章　湖州刺史时期 / 111

《韵海镜源》 / 111

皎　然 / 115

《登岘山观李左相石樽》联句 / 119

· 目 录 ·

陆　羽 / 122
张志和 / 128

第七章　壮烈之死 / 137
《与李太保帖》 / 137
《礼仪集》 / 140
卢杞的奸计 / 143
在李希烈处 / 146
《蔡州帖》 / 150
长眠九泉的颜真卿 / 154

终章　书与人 / 156
后世对颜真卿的评价 / 156
勿以书自命 / 163

后　记 / 169

参考文献 / 173

颜真卿年谱 / 175

| 第一章 |

光辉家世及其成长经历

书生门户

颜真卿所属的颜氏一族,与王羲之相同,原是以琅邪郡临沂县(今山东临沂)为原籍的名门望族,自六朝以来,人物辈出,青史留名。其中,五世祖颜之推,生于梁朝,后被六朝末年的动荡风波所席卷,如飘蓬般,历仕西魏、北齐、北周,最终殁于隋朝,因作为中国家训的鼻祖——《颜氏家训》的作者而闻名。颜之推之孙,唐初颜师古,著有《汉书》注,作为《汉书》最可靠的注释,至今仍不失其权威。而在唐太宗(唐朝第二代皇帝)命令下,朝廷编著

颜氏家庙碑

《五经正义》(儒家的基本典籍《五经》的注释)之时,校雠《五经》文字,制作各经定本的总负责人也正是颜师古。

此颜氏一支,始于《晋书·孝友传》为之立传的颜含。四世纪初,司马睿逃离胡族横行的华北地区,前往江南寻找安居之地,谋求晋王朝的复兴。司马睿,即是日后定都建康(今江苏南京)的东晋王朝的首位皇帝——元帝。正是在如此背景下,颜含随司马睿迁居到了江南。关于九世祖颜含,颜之推《颜氏家训·止足》中,有如下记载:

> 先祖靖侯(颜含)戒子侄曰:"汝家书生门户,世无富贵,自今仕宦不可过二千石,婚姻勿贪势家。"吾终身服膺,以为名言也。

"二千石",相当于太守(郡的长官)级别。而"书生门户",则是以学问为家业的家族,用当时的话来说,即是"学门"之意。不仅是颜之推,颜氏一族都将颜含的话作为家训,代代相传,遵奉不移。即使在唐代,颜氏一族仍被世人称为"学家","学家"与"学门"的意思完全相同。颜真卿曾为曾祖父撰写神道碑,在神道碑的末尾,真卿罗列了众多颜氏族人,并写道:"多以名德著述,学业文翰,交映儒林,故当代谓之学家。"

第一章

颜氏,虽为名门,不过在政治上却未必亨通。毕竟,颜氏自古以来是以学问为家业,颜真卿在其撰文并书丹的《颜氏家庙碑》中,所引下述《国史》一文,令人印象深刻。李阳冰篆额,以颜真卿雄浑书体所刻成的《颜氏家庙碑》,至今仍在金属支架的加固下,屹立于西安碑林:

> 《国史》称温大雅在隋与思鲁同事东宫,彦博与愍楚同直内史省,彦将时与游秦同典校秘阁。二家兄弟,各为一时人物之选。少时学业,颜氏为优;其后职位,温氏为盛。

思鲁、愍楚、游秦均是颜之推之子。与温氏三兄弟大雅、彦博、彦将相比,尽管年少时颜氏三兄弟的学业更为优秀,但其后的官职却是温氏三兄弟为高。颜真卿特意引用《国史》的这则记载,恐怕是将此事视作颜家的荣耀,为之而自豪。

那么,作为"学家"的颜氏,其学问有何特色?据《北齐书·文苑·颜之推传》记载,颜氏家族以儒家经典《周礼》《左传》作为世世代代的家学。而由颜师古为《汉书》作注一事可见,《汉书》也是颜氏家学的构成之一。颜之推在《颜氏家训》的《勉学》《书证》篇中,对《汉书》多有言及,而这些内容,几乎原封不动地被颜师古《汉书》注所采用。并且,颜之推的第三子,即颜师古的叔父颜游秦，早在师古之前，已著有《汉书》的专注——《汉书决疑》。而其书内容，也同样被颜师古《汉书》注所沿袭。这就是颜游秦被称为"大颜"，颜师古被称为"小颜"的原因。在颜师古、颜游秦之外，其他的颜氏之人也多精于《汉书》。颜真卿的《颜氏家庙碑》又称"颜少保碑"，盖因此碑是颜真卿为死后赠官太子少保的父亲颜惟贞所作。碑文详细记载了颜氏之人的姓名及其简历，上自颜含，下至颜真卿。其中，颜师古之侄颜昭甫（即颜真卿祖父），"特为伯父师古所赏重，每有注述，必令参定"，可知颜昭甫曾帮助颜师古编纂《汉书》注；颜真卿的五哥颜幼舆，《颜氏家庙碑》谓其"通班汉"。"班汉"，指的正是东汉班固所撰《汉书》。颜氏的《汉书》家学，便是如此一脉相承，延绵不绝。

作为儒家经典的《周礼》《左传》，以及作为史书经典的《汉书》，对于以此三书为家学的颜氏来说，"训诂"的方法是其学问的底色，也是其特色所在。执着于语言文字的解释，对其意思穷追到底的学问，即是"训诂"或者说"诂训"之学。这是一种说正统也正统，说保守也保守的学问方法。颜之推《颜氏家训·书证》汇集了其在训诂学上的相关成果，而颜师古在《汉书》注以外，《匡谬正俗》也是训诂方面的专著，再往后，颜真卿的伯父颜元孙著有《干禄字书》。颜真卿也撰有字书《韵海镜源》，详见后述，在此先让我们整理一下《颜氏家庙碑》

第一章

中关于训诂的记载：颜真卿的曾祖父颜勤礼（颜师古之弟），"尤精诂训"；祖父颜昭甫，"尤明诂训"；从兄弟颜茂曾，"好属文（撰写诗文）、诂训"。

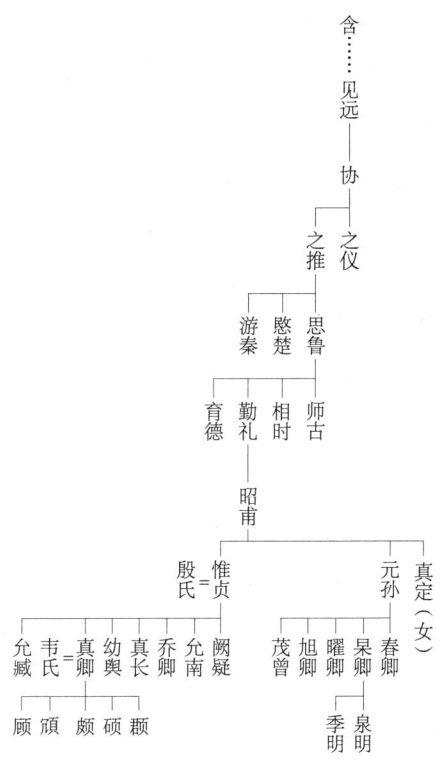

颜氏家系图

节义传统

因"学家""书生门户"的传统而大放异彩的颜氏,过去还有着不少以节义而闻名的人物。对颜真卿而言,虽然年代久远,但《颜氏家庙碑》还是记录了颜之推祖父颜见远的事迹:"和帝被弑,一恸而绝,梁武深恨之。事见《梁》《周》《北齐书》。"《梁书·文学·颜协传》对此有详细的记载。颜协即见远之子、之推之父。

南齐永元三年(501),颜见远作为荆州刺史、南康王萧宝融的录事参军,赴任江陵(今湖北江陵)。萧宝融之兄萧宝卷,以顽童天子而闻名,作为南齐第六代皇帝,由于生前种种大逆无道的行径,死后被追封为东昏侯。颜见远赴任江陵之时,雍州刺史萧衍为了打倒萧宝卷,举兵襄阳,顺汉水、长江而下,向首都建康发起进攻。在行军途中,萧衍于江陵宣布废除东昏侯帝位,扶持萧宝融作为傀儡皇帝即位,是为南齐和帝。而颜见远也因此升任为和帝政权的治书侍御史,又兼御史中丞。不久,萧衍平定建康。和帝顺长江而下,准备返回建康,途中却被幽禁于姑孰(今安徽当涂)的离宫。与此同时,萧衍则按计划夺取了南齐政权,创立了梁王朝,是为梁朝的开国皇帝梁武帝。萧衍即位于南齐中兴二年(502),即后来改元为梁天监元年的四月丙寅(八日)。仅仅两天之后的四月戊辰(十日),十五岁的萧宝融便被杀害。颜见远为殉主而绝食，数日便逝。据《梁书·文学·颜协传》记载，梁武帝听闻此事，曾私下里说："我自应天从人，何预天下士大夫事？而颜见远乃至于此也。"——我是应天命，从人心，打倒了南齐，此事原与天下的知识人无关，而颜见远却到了要绝食自杀的地步。——话虽如此，见远之子颜协，有感于"家门事义"，终生未曾寻求官场的荣达。所谓"家门事义"，即指父亲殉于南齐的节义之行。

《颜氏家庙碑》谓颜见远节义之行"见《梁》《周》《北齐书》"，但《北齐书》却无相关内容。不过，《周书·颜之仪传》（卷四〇），则确有下述与《梁书·颜协传》相近的记载。颜之仪，即颜之推之兄。"祖见远，齐御史治书（治书侍御史）。正色立朝，有当官之称。及梁武帝执政，遂以疾辞。寻而齐和帝暴崩，见远恸哭而绝。梁武帝深恨之，谓朝臣曰：'我自应天从人，何预天下人事？而颜见远乃至于此。'当时嘉其忠烈，咸称叹之。父协，以见远蹈义怦时，遂不仕进。"

关于仕于北周的颜之仪，《颜氏家庙碑》记有如下之事："隋文辅政，不署矫诏，索玺又拒之，出为集州刺史·新野公。后朝朔望，引之御榻曰：'见危授命，临大节而不可夺，古人所重，何以加卿！'事具《周书》。""隋文"，即隋文帝杨坚，是承继北周的隋王朝的开国皇帝。北周宣帝驾崩后，遗诏中有以下命令：以宣帝皇后之父杨坚为丞相，命其辅佐幼帝。然而，御正中大夫颜之仪，识破其为伪诏，拒绝连署。御正中大夫，乃执掌诏书之职。其后，颜之仪又被要求交出皇帝印玺，他仍是拒绝，说："此天子之物，自有主（管理）者，宰相何故索之？"便因如此，颜之仪被贬为西疆郡（今甘肃一带）太守，隋开皇五年（585），又移任集州（今四川一带）刺史。开皇十年（590）正月，颜之仪入朝朝见。在每月朔（初一）、望（十五）举行的朝见礼上，颜之仪被文帝叫到了身边。"在朝廷危机之时能够献出生命，面对大事也不改其心，即便是古人也将其视为难事，因而没有比你更优秀的人了！"文帝言毕，即赐予颜之仪钱十万、米百石。"见危授命"，语见《论语·宪问》；"临大节而不可夺"，语见同书《泰伯》。由此可见，即使是隋文帝，也对颜之仪的节义佩服有加。

虽然后文将有详述，但在此想先介绍一下颜真卿的从兄颜杲卿的事迹。在安禄山突然向唐王朝举起反旗之时，杲卿担任太守的常山郡（郡治真定，今河北正定），正好在安禄山进攻洛阳的行军路线上。常山郡的攻守，或许可以决定唐王朝的命运。尽管面对安禄山军软硬兼施的种种诡计，颜杲卿进行了坚决抵抗，但最终被俘，遭肢解而壮烈牺牲。两年后的肃宗乾元元年（758），朝廷追赠颜杲卿为太子太保，定谥号为忠节。曾担任常山郡东南的平原郡太守颜真卿，与颜杲卿协同作战、出生入死，并为杲卿撰写了神道碑。真卿百感交集地写道:"昔七代祖中丞府君恸绝于梁武,五代伯祖御正府君抗玺于隋文,而公(杲卿)精贯白日,义形宗社,今又继之,为不陨矣。""七代祖中丞府君",即是南齐和帝之御史中丞颜见远;"五代伯祖御正府君",则是北周御正中大夫颜之仪。"精贯白日",谓至忠至诚之心能上通于太阳。颜氏一家的节义传统因杲卿得以再度显彰,连绵未绝,不坠于地。因而在碑铭部分,真卿这样写道:"太保(杲卿)烈烈,抗兹忠节。殉国义形,见危身杀。"

这便是节义之人辈出的颜氏。南宋王应麟对之有颇为中肯的评价:"颜见远死节于萧齐(南齐),其孙之仪尽忠于宇文周(北周)。常山(颜杲卿)、平原(颜真卿)之节义,有自来矣。"(《困学纪闻》卷一三《考史》)

书法传统

考察颜氏家世时,最不应遗漏的,是其家族传承的书法传统。我们之所以知道颜真卿的名字,主要是因为他在书法上的成就。

《颜氏家庙碑》中,在颜真卿之前,颜氏一族的善书者已陆续登场。颜见远的祖父颜腾之:"善草隶书(草书与楷书①），有风格。梁武帝《草书评》云：'颜腾之、贺道力并便尺牍，少行于代。'"其子颜炳之，亦"以能书称"。而真卿的曾祖父颜勤礼"工于篆籀（篆书与籀书）"；祖父颜昭甫"工篆籀草隶书"；父颜惟贞，"少孤（幼年丧父），育舅殷仲容氏，蒙教笔法。家贫无纸笔，与兄（颜元孙）以黄土扫壁，木石画而习之。故特以草隶擅名"。从兄颜曜卿"工草隶"；同为从兄的颜旭卿"善草书"；兄颜允南"善草隶"。

尽管不见于《颜氏家庙碑》的记述，颜真卿的伯父颜元孙，亦因擅长书法及书法鉴定而被世人所知。在真卿为其撰文的神道碑中，称颜元孙"尤善草隶"，并记录了以下逸事：颜元孙的舅父殷仲容，同样因书法而闻名，向他请求墨宝的来信，在几案上堆积如山。于是，殷仲容命颜元孙为其代笔，而收到元孙代笔的人十分欣喜，以为是殷仲容的真迹，不能辨别两者的不同。其后，尚未即位的唐玄宗，以皇太子身份监国，替父亲睿宗代理国政。作为太子舍人的颜元孙，奉命鉴定御府所藏诸家书迹数十卷。颜元孙就其真伪一一上奏，玄宗对其鉴定意见颇为满意，赐予他藤笺、笔墨及衣服等物。

由上可见，毋庸置疑，颜氏将书法视作家族的传统。

---

① 译者注：楷书由隶书发展演变而成，故唐代多将楷书沿称为隶书。下同。

然而，我们不能忽视《颜氏家训·杂艺》的以下文字：

> 真（楷书）、草（草书）书迹，微须留意。江南谚云："尺牍书疏，千里面目也。"承晋、宋余俗，相与事之，故无顿狼狈者（即便事有万一，也不至于狼狈窘迫）。吾幼承门业，加性爱重，所见法书亦多，而玩习功夫颇至，遂不能佳者，良由无分（天分）故也。

颜之推说自己没有书法天分，或许是谦逊，但紧接其后的这段话则引人注目：

> 然而此艺不须过精。夫"巧者劳而智者忧（能干的人劳其身，智慧的人劳其心）"（《庄子·列御寇》），常为人所役使，更觉为累。韦仲将遗戒，深有以也。

韦仲将，即三国魏人韦诞。为了给新落成的宫殿安置匾额，魏明帝命令擅长书法的韦诞登梯挥毫。当他题写完毕，爬下梯子后，顿时头发尽白。因此，韦诞告诫子孙"勿复学书"。这则逸事，见于《世说新语·巧艺》。

颜之推继续写道：

王逸少风流才士，萧散名人，举世惟知其书，翻以能自蔽也。萧子云每叹曰："吾著《齐书》，勒成一典，文章弘义，自谓可观，唯以笔迹得名，亦异事也。"王褒地胄清华（家世清白），才学优敏，后虽入关，亦被礼遇。犹以书工，崎岖碑碣之间，辛苦笔砚之役，尝悔恨曰："假使吾不知书，可不至今日邪！"以此观之，慎勿以书自命。

王逸少，即王羲之，逸少乃其字。萧子云则是南朝梁人，《梁书》卷三五本传，谓其"善草隶书，为世楷法（模范），自云：善效钟元常（三国魏人钟繇）、王逸少而微变字体"。梁武帝十分尊崇他的书法，盛赞其"笔力劲骏（有力且峻拔），心手相应，巧踰杜度（东汉人），美过崔寔（东汉人），当与元常并驱争先"。不过，萧子云所著之书乃《晋史》，《齐书》乃其兄萧子显所著，此处当有讹误。而王褒生于江南的梁国，后迁于关中，即北周的首都长安。《周书》有传，谓其善草书、楷书，作为萧子云的内侄，王褒得以出入其家，学习萧子云的书法。

颜之推说"慎勿以书自命"，告诫子孙千万不要以书法家自居，但同时又把自己童年所接受的书法训练，称作"幼承门业"。就是说，书法也是"门业"，即颜氏作为家族传统的家业之一，之推明确地指出了这一点。而且根据《杂艺篇》的记载，颜氏家中还藏有二王（王羲之、王献之父子）的书法十卷。那么，颜之推想要强调的是，不希望子孙成为除书法之外别无所能的偏擅之人，而并没有丝毫否定书法的意图。颜之推作为颜氏的伟大祖先，毫无疑问，颜真卿肯定知晓这一家训。而颜真卿的理想，也正是颜之推所期待的，成为一位德艺兼备的士人。书法，不过是构成颜真卿其人形象的一个要素，对颜真卿而言，他应该并不屑于成为一位仅以书法而得名的"书法家"。

如上所述，把学问视作家业的"学家""书生门户"的意识，对节义之事的热忱，借由书法所培养出来的优雅情操，颜氏将以上三者视为家族的传统，才人辈出。而这样的血液，便流淌在颜真卿的血脉之中。用今天的话来说，颜真卿无疑是继承了颜氏家族优秀的基因。

父亲颜惟贞

唐中宗景龙三年（709），颜真卿作为颜惟贞的第六男降生于世，母亲是原籍陈郡的殷氏。颜真卿幼名羡门子，取自古时的仙人之名，成人后则字清臣。出生之时，除阙疑、允南、乔卿、真长、幼舆这五位兄长之外，颜真卿还有几位姐姐。

父亲颜惟贞的事迹，全凭颜真卿撰文，立于建中元年（780）的《颜氏家庙碑》而被后人所知。据《颜氏家庙碑》记载，颜惟贞幼年之时，由于父亲颜昭甫去世，故与兄长颜元孙一同被寄养在舅父殷仲容家中。其事又见于颜真卿的《谢赠官表》，该文乃真卿为答谢朝廷赠官予颜昭甫而作。《谢赠官表》谓颜昭甫二子，"襁褓苴麻，孩提未识，养于舅氏殷仲容，以至成立"，即元孙与惟贞在襁褓之时，便失去了父亲，幼儿尚未懂事，已被寄养在舅父殷仲容家，从而得以长大成人。尽管元孙与惟贞兄弟，承蒙舅父殷仲容传授笔法，但因为家中贫穷，没有纸笔，只好用刷子蘸上黄土，在墙壁、树干、石头上练习，最终熟练掌握了草书及楷书（"草隶"）。这则逸事，上文已有提及。

在殷仲容养育下长大成人的颜惟贞，恰好于武则天改唐为周的初年——天授元年（690），在吏部举行的任官考试——糊名考中，因"判"（书判）成绩优秀，取得了衢州（州治信安，今浙江衢州）刺史参军一职，从此步入仕途。糊名考，是为了防止考官与考生串通一气，用纸糊住考生姓名的考试形式，据说这是武后的主意（《隋唐嘉话》）。而"判"则是考查对司法、行政及其他各种问题的评判。吏部的任官考试，以"身""言""书""判"四者作为考察对象。"身"要"体貌丰伟"，即体格容貌要魁梧端正；"言"要"词论辩正"，即语言措辞要逻辑清晰；"书"要"楷法遒美"，即要求能写遒劲、优美的楷书；"判"要"文理优长"，即要求文章条理舒展流畅。

成为衢州参军后，颜惟贞与衢州属下盈川县县令杨炯，及同为衢州属下的信安县县尉（在县令手下负责各种杂务的官职）桓彦范成为亲交。杨炯是初唐文学的代表作家，初唐四杰之一。而桓彦范则是在武后夺权后，为唐王朝再兴助有一臂之力的刚正之士。颜惟贞其后历任温县、永昌县（于洛阳附近）县尉，又接替其兄元孙，任长安县县尉（管理首都长安的西半部分），复又官任太子文学。随后，"五邸初开，盛选僚属"，颜惟贞被任命为薛王友。所谓"五邸"，又名"五王宅"，指的是睿宗的五位皇子（其中包括日后被称为玄宗的临淄王李隆基），于武后圣历元年（698），在东都洛阳积善坊分别建设的宅邸。其后大足元年（701），五人迁至长安兴庆坊，复建宅邸，亦沿用此称谓。而薛王，即是睿宗第五子李隆业。作为亲王府的僚属，设有傅一人、咨议参军一人、友一人、文学二人，以及东阁祭酒、西阁祭酒各一人。向亲王提供各种建议，即是"友"的工作。在上述之事后，《颜氏家庙碑》记录了以下逸事。

嫁给御史大夫张知泰的长姊身故，时值葬礼，数家占卜说颜惟贞"不宜临圹"。数家，即术数家，是占卜吉凶的算命先生，而"圹"则指墓穴。就是说，根据数家占卜，颜惟贞不宜亲至埋葬现场。据《旧唐书·吕才传》（卷七九），术数家重视的《葬书》中，有"同属忌于临圹，乃吉服不送其亲"的记载，即同族者忌讳亲临墓地，穿着吉服而不为亲人送葬。数家之所以这么说，也许是因为《葬书》的这则文字。然而，颜惟贞笑了笑，拒绝听从算命先生的劝告。他说："岂有亡手足之痛，牵拘忌而忍自绝乎（人怎能不顾亡失手足之痛，却迁就于忌讳而不作最后的道别）？"应非此事作祟，然而其年之秋的七月一日，颜惟贞因病去世。《颜氏家庙碑》所说的"其年"，究竟指的是哪年，尚不清楚。

其后，《颜氏家庙碑》依陆据撰文的神道碑，说颜惟贞生前曾与贺知章、殷践猷、陆象先、寇泚、源光裕、崔璩有着亲密的交往。其中，贺知章是官至秘书监的大官，也是众人称赞的通情达理之人。杜甫的七言歌行《饮中八仙歌》，以幽默的手笔描写了八位酒仙的日常生活，而其中最先提到的便是贺知章。诗云"知章骑马似乘船，眼花落井水底眠"，说贺知章大人骑马如乘船，左摇右摆，醉眼蒙眬，掉落井中，睡在水底。陆象先是贺知章母亲一族的亲戚，①曾为工部尚书，相当于今天日本的国土交通大臣。他这样评价贺知章："贺兄言论倜傥，真可谓风流之士。吾与子弟离阔，都不思之，一日不见贺兄，则鄙吝生矣。"而殷践猷则不是外人，正是颜真卿的舅父。《颜氏家庙碑》提到的陆据神道碑，北宋赵明诚《金石录·目录》对之有著录，云"唐颜惟贞碑。陆据撰，蔡有邻八分书，天宝六载（747）十月"。但可惜的是，神道碑的文

---

① 译者注：陆象先母亲乃贺知章的族姑，此处有误，当作"陆象先，其母亲一族是贺知章的亲戚"。

章不传。《旧唐书·文苑传》及《新唐书·文艺传》均为陆据立传。据说陆据是颜真卿的知交，因而他可能是应颜真卿的邀请，为惟贞撰写了神道碑。

总之，或许是早逝的缘故，颜惟贞的仕宦履历并不出众。即便作为儿子的颜真卿有意增饰，也没有足够的事迹以供使用，最多也就是补充一些与仕宦无关的逸事。尽管如此，在肃宗之世，颜惟贞被朝廷追赠秘书少监·国子祭酒·太子少保这一显耀官职，这应该是沾了颜真卿的光。颜真卿为感谢赠官，上表朝廷，《颜氏家庙碑》记录了肃宗的批复：

> 卿之先人，德行优著，学精百氏，艺绝六书。频擢甲科，屡升循政。曳裾王府，名右邹、枚；载笔春宫，道高徐、阮。既而寿乖华发，器纡青云，业载史臣，庆传令子。追存盛美，褒赠崇班，且旌善于义方，俾扬名于有后。

这段话的大意如下：颜惟贞德行格外出众，精通各种书籍，擅长书法。在吏部考试中，多次取得优异成绩，作为县尉（地方官），能推行善政。任职薛王府时，不亚于被汉代梁孝王优待的文人邹阳及枚乘；任太子文学时，胜于曹丕（曹操的太子）门下，作为建安文坛重镇而声名远扬的徐干与阮瑀。虽然年寿未及白发，仕宦未至高位，但其功绩载于史官笔下，余荫惠及贤明子嗣。今有感于其盛大之美德，追赠高位，暂且用来彰显其教子有方，让其扬名于子孙后代。

幼少时期

虽然父亲颜惟贞去世的具体时间尚有未明，但此事应该是在颜真卿的幼年时期。《新唐书·颜真卿传》云"少孤，母殷躬加训导"，令狐峘撰《颜鲁公神道碑》亦曰"早孤，太夫人殷氏躬自训育"。而对于幼年时期的颜真卿，《颜鲁公神道碑》还有以下记载："公承奉慈颜，幼有老成之量。家贫屡空，布衣粝食，不改其乐。余力务学，甘味道艺，五经微言及百氏精理，无所不究，既闻之，必行之。尤工文词，善隶书，书格劲逸，抗行钟、张。"受母亲宠爱的颜真卿，自幼老成。尽管家庭贫寒，时有匮乏，衣食颇为粗劣，但他仍能自得其乐。略有余闲，则勤于学问，玩味艺术，对于五经的深奥言辞与诸子的精妙理论，无不有所探究，而耳闻之事，必身体力行。尤其是他对文章作法有很深的研究，且善于楷书，书风遒劲奇崛，与钟繇、张芝不相上下。上文之意大致如此，文章使用了不少出自《论语》的辞藻，作为碑文常见的套话，其可信程度恐怕得大打折扣。特别是在书法方面，幼年时的颜真卿不可能得到那么高的评价，这必定是后来所加。

颜真卿本人在《颜氏家庙碑》中说："真卿早孤，蒙伯父暨（及）允南亲自教诲。"伯父即颜元孙，在真卿为其撰写的神道碑中，也提到了自己从小便接受伯父的教育。允南则是颜惟贞的次子，真卿的兄长。根据真卿为其撰写的神道碑，颜允南是年长于真卿十五岁的兄长。在允南的神道碑中，真卿讲述了以下一件少年时期的往事。颜氏家中饲养的一只白鹤，不幸折断了腿，而真卿却淘气地在白鹤的羽毛上写字。兄长严厉地教训道："此虽不能奋飞，竟不惜其毛羽，奚不仁之甚欤！"

东晋时期的高僧支遁，曾有如下逸事。某人把白鹤的雏鸟赠与支遁，当白鹤的羽毛渐渐长齐，准备高飞之时，支遁竟起了不舍之心，将白鹤的羽毛悉数剪断。白鹤回头看了看羽毛，低垂着头，看起来颇有些怨气。于是，支遁说道："既有凌霄之姿，何肯为人作耳目近玩？"因而等白鹤重新养好了羽毛，支遁便把白鹤放归于天。颜真卿少年时的往事，不禁让人联想起《世说新语·言语》的这则逸事。两事间的关系，在此暂且不论，但对于颜真卿来说，兄长的恻隐之情，显然是他一生难忘的回忆。

真卿还受到了舅父殷践猷的影响。殷践猷是父亲颜惟贞信赖的知交，这已见于前述。在真卿为他撰写的《殷君墓碣铭》中，谓其"长妹兰陵郡太夫人，真卿先妣（母亲）也"。随后真卿写道，母亲中年守寡，殷践猷对其尚未自立的十名子女"悉心训奖"，而作为十名子女之一的颜真卿，颇为感谢舅父。

姑母颜真定对真卿的影响也极大。真定，即祖父昭甫的季女（最小的女儿），元孙、惟贞的姐姐。颜真定是殷履直的夫人，卒于开元二十五年（737）。姑母的神道碑（《殷府君夫人颜君神道碑》），也是真卿所撰。真卿写道，年少之时，姑母曾教自己"延寿《王孙赋》、崔氏《飞龙篇》、江淹《造化篇》《五都赋》"，而碑铭中也有"教我音辞，《王孙》《五都》"之句。王孙，即猿猴。延寿《王孙赋》，即东汉王延寿以猿猴为主题的长篇韵文。崔氏《飞龙篇》，即东汉崔瑗所作字书。江淹是梁代文人，《造化篇》虽然失传，但在其另一作品《遂古篇》的序文中，江淹如此写道："仆尝为《造化篇》，以学古制。今触类而广之，复有此文。"《五都赋》，即东汉张衡歌颂西汉首都长安的《西京赋》，歌颂东汉首都洛阳的《东京赋》，及西晋左思以三国时期各国首都为题材的《蜀都赋》《吴都赋》《魏都赋》，合共五篇作品的统称。

当时的士大夫阶层，女性在家庭教育中发挥重要作用的事例并不少见。虽说如此，姑母颜真定却是一个不得不让人刮目相看的例子。她"精究国史，博通礼经"，有着良好的教养；与此同时，她还是一位非常坚毅的女性，在嫁到殷氏之前，已替代母亲承担了对弟弟元孙、惟贞的教育工作。如碑文所言"天后当宁，旁求女史，太夫人殷氏以彤管之才,膺大家之选,召置左右,不遑顾复",真定的母亲殷氏(即颜真卿的祖母)曾在武后宫中担任女官,因而没有时间教育子女。"彤管",是女性书记官所用的红色笔管的笔。"大家",是对女性的尊称。侍奉于东汉和帝宫中的女性文学家班昭,被人们称作"大家",这里用的正是这一典故。"顾复",出于《诗经》,意思是母亲对子女的疼爱与教育。另外,在叔父颜敬仲蒙受酷吏诽谤之时,颜真定领着"二妹"(这里指的应是颜敬仲的两位女儿,确切地说是她的从妹),向朝廷抗议,用割去自己耳朵这种激烈的行为,来证明叔父的清白。多亏有颜真定,叔父最终得以免于死罪。然而,真定嫁给殷履直后,生下来的男孩却不知为何左耳有缺。以上是颜真卿在神道碑中对姑母真定的记述。

想必读者已经注意到,颜氏与殷氏通过紧密的婚姻关系联结在了一起。颜真卿的母亲是殷践猷的妹妹,姑母颜真定则嫁给了殷履直。不仅如此,真卿的高祖父颜思鲁的妻子是殷英童的女儿,祖父颜昭甫的妻子是殷仲容的姐姐;而殷践猷的妹妹,即真卿的母亲,实际上是殷英童的玄孙;并且,殷履直与颜真定所生的六个女儿,其中一人后来成为真卿长兄颜阙疑的妻子,而真卿的五哥颜幼舆的妻子,也同样是出于殷氏。上述之事,见于《颜氏家庙碑》及颜真卿所撰其他数种神道碑。而颜氏与殷氏的婚姻关系,经过几代人重重交织之后,变得十分复杂。殷氏一支原籍陈郡，以殷不害为祖，其传记见于《陈书·孝行传》。养育了真卿父亲颜惟贞的殷仲容，如前所述，是一位与颜氏不相上下的文雅之人。而舅父殷践猷，亦是"年十三，日诵《左传》二十五纸，读《稽圣传》一遍亦诵之，博览群言，尤精《史记》、《汉书》、百家、氏族之说"，而且还精通阴阳术数，并且对医方、刑法也有所研究（《殷君墓碣铭》）。虽然不知道《稽圣传》究竟是什么书，但显然殷践猷是一位精通各个领域的人物。顺带一提的是，后来为真卿撰写《颜鲁公行状》的殷亮，正是践猷的孙子。

  颜氏与殷氏，便是这样通过重重的婚姻关系联结在了一起。不过，颜真卿的夫人，却非殷氏，而是韦氏出身。这是根据以下的记载而知。大历十二年（777）杜济亡故，在为他所作的《墓志铭》中，颜真卿写道"夫人京兆韦氏，太子中舍迪之第三女也"，在此之上又说"真卿忝居友婿"。"友婿"即是连襟。除《墓志铭》之外，颜真卿还为杜济撰写了《神道碑》。在《神道碑》中，同样有"真卿何幸，得忝维私"的记叙。"维私"，出于《诗经·硕人》，《诗经》的注释说"姊妹之夫曰私"，因而这里也是连襟的意思。也就是说，不论是杜济的夫人还是真卿的夫人，都是韦迪的女儿，而杜济的《神道碑》较《墓志铭》更为详细，谓其夫人是"房州刺史景骏之孙，礼部尚书琅琊王丘之外孙，太子中舍迪之第三女也"。韦景骏与王丘，二人在新旧《唐书》中均有传，特别是韦氏一族，是与颜氏一样的书香门第。撰写了《唐职仪》《高宗实录》《御史台记》《两京新记》等众多著作的韦述，即是景骏之子，也就是真卿夫人的叔伯之辈。根据两《唐书》（《旧唐书》卷一〇二、《新唐书》卷一三二）韦述的传记，韦氏原本已有两千卷的藏书，其后在韦述的苦心搜集之下，最终达到了两万卷之多。

话说回来，颜真卿为之撰写《墓志铭》与《神道碑》的连襟杜济，颇为有趣的是，他其实是杜甫的远房亲戚，是杜甫的孙辈。在安禄山之乱爆发之前，生活在长安的杜甫，曾到杜济家中访问，作有题为《示从孙济》的五言古诗，诗中有"诸孙贫无事，宅舍如荒村"之句。杜济虽说是从孙，却只比杜甫小了八岁而已。不久"贫无事"的青年终于出人头地，曾担任位于蜀地的成都（今四川成都）、绵州（今四川绵阳）的长官。后来杜甫漂泊至蜀地，滞留于成都之时，杜济正好担任当地长官，故杜甫作有数篇二人重逢叙旧的诗。不过，在颜真卿撰文的杜济《墓志铭》及《神道碑》中，关于杜济与杜甫关系，却无一言半语的记述。

| 第二章 |

初入官场

青云之志

因为幼年丧父，颜真卿在伯父元孙、兄长允南，以及伯母真定、舅父殷践猷的教育下，长大成人。开元二十二年（734），二十六岁的颜真卿参加科举（高级文官资格考试），取得了进士及第这一优异成绩。同年进士科及格者，共二十七人，代宗时期的宰相杜鸿渐也是其中一人。

考查诗、赋等韵文创作的进士科，即使在科举考试之中，也被视为高难度的科目。将进士科与专考经书（儒家经典）知识的明经科相对比，当时有下述这些说法："进士大抵千人得第者百一二，明经倍之，得第者十一二"（《通典·选举典三》），也就是说，进士科的考生约有千人，及格者百人之中有一二人，而明经科的考生约有二千人，及格者十人之中有一二人；又如"三十老明经，五十少进士"（《唐摭言》卷一《散序进士》），则是说

第二章

明经科及格者，三十岁已是高龄，而进士科及格者，五十岁尚属年轻。正因如此，进士科及第是十分高的荣誉，为日后官场中的平步青云提供了保证。而对于颜氏来说，颜真卿的及第，是垂拱元年（685）元孙进士及第以来久违的喜事，想必全家人都十分欢喜。

颜真卿进士及第那年的主考官，是考功外郎孙逖。孙逖的传记，见于《旧唐书·文苑传》。据其记载，"逖选贡士二年"，即开元二十二年（734）及二十三年（735）曾两次担任主考官，并特别提到"初年则杜鸿渐至宰辅，颜真卿为尚书"。因颜真卿后来官任刑部尚书、吏部尚书，故有此言。在当时，主考官与进士及第者有着紧密的关系，被称为座主与门生。进士及第约三十年之后，永泰元年（765），颜真卿为过世的孙逖的文集作序。他在序中写道"公又雅有清鉴，典考功时，精核进士，虽权要不能逼，所奖擢者二十七人"，又写道"真卿昔观光乎天府，实荷公之奖擢，见命为序，岂究端倪"（《孙逖文公集序》）。

科举进士科及第的颜真卿，在两年后的开元二十四年（736），还挑战了吏部主持的以科举及第者为对象的考试，取得了"平判入等"的成绩。进士，说到底不过是任官的资格，而要取得官职，则必须在吏部的选官考试中合格。吏部的选官考试，分为考查诗赋三篇的博学宏词科，及考查判三条的书判拔萃科两种。所谓"平判入等"，应该是说在书判拔萃科中，因"判"（书判）成绩优秀而及第。顺带一提的是，这一年书判拔萃的题目之一，是关于礼制的问题，其内容如下："乙仕登三命，举以特牲，祀以少牢，人告其僭加于举礼也（某人位至三命，以特牲、少牢祭祀宗庙，而有人控告其僭越礼制）。"（《文苑英华》卷五一八）三命，是被周王朝赐予公、侯、伯爵位的大国大臣。特牲是以牛作为祭品，少牢是以羊、豕作为祭品。

父亲颜惟贞虽然不是科举及第，但仍然参加了吏部的选拔考试，因"判"成绩优秀，而得到了衢州参军一职。而如今颜真卿也因"平判入等"，得以进入官场，就任秘书省校书郎。秘书省校书郎的编制为八人，品级为正九品上。其职务尽管是非常远离实务的典籍校订工作，但在无比崇尚文雅的当时，校书郎作为初任的官职，反而是让人羡慕的。而且，尽管不少官署均设有校书郎一职，但唯有秘书省的校书郎，被视为最好的差事。

天宝元年（742），年号由开元改为天宝，三十四岁的颜真卿，又参加了文词秀逸科的考试。当时为了登用人才，朝廷以种种名目，不时举行名为制举或制科的考试，文词秀逸科即是其中之一。正好此年，玄宗向天下宣告改元天宝的诏敕中，有这样一段文字："有儒学博通及文词秀逸，或有军谋越众，或武艺绝伦者，委所在长官具以名荐。"（《唐大诏令集》卷四）而颜真卿得到了扶风太守崔琇的推荐，故得以参加考试。这场考试颇为隆重，玄宗驾临兴庆宫内的勤政楼，亲自监督了考试。而顺利及第的颜真卿，被任命为京兆府醴泉县（今陕西礼泉）县尉。醴泉县在京师长安西北约七十公里处，唐代第二位皇帝唐太宗的陵寝昭陵即在此地。因重要程度以及区域大小，唐代的县被分为赤、畿、望、紧、上、中、下这七个等级。据《新唐书·地理志》，醴泉县是"次赤"。"次赤"是次于赤县的意思，应是位于赤县与畿县中间的等级。而县尉则是在县令手下，负责财务、司法等县政事务的职位。唐封演《封氏闻见记》"制科"条指出，进士科及第后，首先就任校书郎，随后升任畿县（首都附近的县）县尉的，是未来有望当宰相的官员。而颜真卿便是循着这样的阶梯，一步步顺利地得到晋升。官僚生涯有着华丽开场的颜真卿，不久又升任长安县县尉，是父亲惟贞曾经担任过的官职。首都长安以东西划分，东边为万年县，西边为长安县。自不用说，长安县是赤县，其管辖范围是长安城的西半以及城外西面和西南面的郊区，县官署设在长安城内的长寿坊。颜真卿之所以能从醴泉县县尉晋升到长安县县尉，是因为黜陟使王珙给予他"清白"（清廉洁白）的评价。黜陟使并非常置官，即所谓"使职"的一种，参与地方官升降考评的工作。

张　旭

　　正是这一时期，颜真卿拜访了被称为"草圣"的草书高手张旭,并得其真传。张旭是个大酒鬼,因其常在酒后兴奋状态下创作,故被称为"张颠"(疯癫的老张),由此可见其人之豪放。《唐国史补》卷上记云:"旭饮酒辄草书,挥笔而大叫,以头揾(浸没)水墨中而书之,天下呼为'张颠'。"而杜甫的《饮中八仙歌》的第七位酒仙即是张旭,诗云:"张旭三杯草圣传,脱帽露顶王公前,挥毫落纸如云烟。"说张旭酒过三杯就开始传授草书的秘诀,在显贵面前旁若无人地脱下帽子露出秃头,挥笔纸上如同云霞涌现一般。

对于颜真卿而言,与张旭的相遇是其终生难忘之事。颜真卿在《怀素上人草书歌序》中,称赞怀素是张旭书法的第一继承人,并对张旭有如下评价:

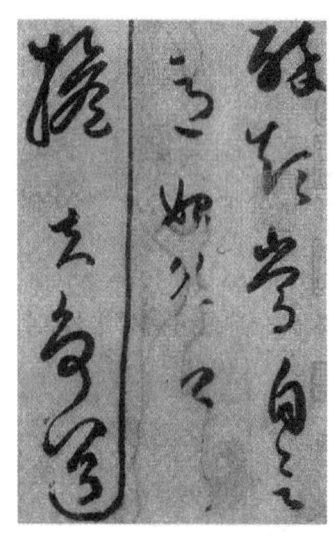

张旭　自言帖

夫草稿(草书)之作,起于汉代,杜度、崔瑗,始以妙闻,迨乎伯英(张芝),尤擅其美。羲(王羲之)、献(王献之)兹降,虞(虞世南)、陆(陆柬之)相承,口诀手授,以至于吴郡张旭长史。虽姿性颠逸,超绝古今,而楷法精详,特为真正。某早岁尝接游居,屡蒙激劝,教以笔法,资质劣弱,又婴物务(纠缠于世间之事),不能悉习(认真学习),迄用无成。追思一言,何可复得。

尽管多有谦辞,真卿还有如下书信传之于今:"真卿自南朝来上祖(先祖),多以草、隶(楷书)、篆、籀为当代所称,及至小子,斯道大丧,但曾见张旭长史颇示少糟粕,自恨无分(天分),遂不能佳耳。"(南宋巩嵘《忠义堂续帖》)

关于张旭传授真卿笔法之事,《张长史十二意笔法记》有颇为详细的记述。此文收录于《颜鲁公文集》,引用时文义晦涩之处,适当参考了唐韦续《墨薮》的文字:①

予罢秩醴泉(卸任醴泉县尉),特诣东洛,访金吾长史张公,请师笔法。长史于时在裴儆宅憩止。众师张公求笔法,或有得者,皆曰神妙。

仆顷在长安二年,师事张公,竟不蒙传授。人或问笔法者,张公皆大笑而已,即对草书,或三纸五

---

① 译者注:以下参照作者日语译文,据《颜鲁公文集》《墨薮》回改为文言文。

纸，皆乘兴而散，不复有得其言者。

仆自再于洛下相见，眷然不替（倾慕之心未改）。仆因问裴儆："足下师张长史，有何所得？"曰："但得绢屏素本（用来制作绢屏风的稿本）数十轴。亦尝请论笔法，唯言倍加功学临写，书法当自悟矣。"

仆自停裴家月余日，因与裴儆从长史言话，却回京师，前请曰："既承兄丈（指张旭）奖谕，日月滋深，夙夜工勤，溺于翰墨。傥得闻笔法要诀，则终为师学，以冀至于能妙（能品、妙品）。岂任感戴之诚也（不胜感激）！"长史良久不言，乃左右眄视，拂然而起。仆乃从行，归东竹林院小堂。张公乃当堂踞床而坐，命仆居于小榻，而曰："笔法玄微，难妄传授，非志士高人，讵可与言要妙也。书之求能（能品），且攻真（楷书）、草，今以授之，可须思妙。"

说完后，张旭让颜真卿逐一回答"平""直""均""密""锋""力""转""决""补""损""巧""称"共十二种笔法的要诀，然后说道：

> 子言颇皆近之矣。夫书道之妙，焕乎其有旨（甘味）焉。字外之奇，言所不能尽。世之书者宗二王（王羲之、王献之），元常（钟繇）逸迹，曾不睥睨

笔法之妙（未曾一窥其笔法妙处），遂尔雷同。献之谓之古肥，旭谓之今瘦。古今既殊，肥瘦颇反。如自省览，有异众说。芝（张芝）、钟巧趣，精细殆同，始自机神，肥瘦古今，岂易致意（不易说明）。真迹虽少，可得而推。逸少（王羲之）至于学钟，势巧形容（形似），及其独运，意疏字缓，譬犹楚音习夏，不能无楚（楚人学习中原人的发音，总会留有楚的方音）。过言（夸大的言辞）不绝，未为笃论。又子敬（王献之）之不逮逸少，犹逸少之不逮元常。学子敬者画虎也，学元常者画龙也。余虽不习，久得其道，不习而言，必慕之欤（倾慕前人）！倘有巧思，思盈半矣。子其勉之，工精勤悉，自当妙矣。

值得一提的是，上述一段的文字，与唐张彦远《法书要录》卷二所收梁武帝《论钟（繇）书十二意》极为相近。或许如北宋朱长文《墨池编》（卷一）所言，此"盖张（旭）、颜（真卿）祖述之尔"。

随后，颜真卿向前问道："幸蒙长史传授笔法。敢问工书之妙，如何得齐（比肩）于古人？"张旭答道：

妙在执笔，令其圆转，勿使拘挛（僵硬）。其次诸法，须口传手授之诀，勿使无度，所谓笔法也。其次在于布置，不慢（散漫）不越（偏离法度），巧使合宜。其次纸笔精佳。其次诸变适怀，纵舍规矩（变化自在，不被规矩所束缚）。五者备矣，然后齐于古人矣。

颜真卿又问执笔的道理，张旭如此答道：

予传授笔法，得之于老舅（陆）彦远，曰："吾闻昔日说书（解说书法），若学有工而迹不至（无论学得有多工巧，笔迹也难以赶上）。"后闻于褚河南（褚遂良），曰："用笔当须如印泥画沙。"思所以不悟，后于江岛，遇见沙地平净，令人意悦欲书，乃偶以利锋画其劲险之状，明利媚好。乃悟用笔，如锥画沙，使其藏锋，画（笔画）乃沉着。当其用锋，常欲使其透过纸背，此成功之极（奥妙）矣。真、草用笔，悉如画沙，则其道至矣。是乃其迹可久（永传后世），自然齐古人矣。但思此理，以专想工用（专心于巧妙的笔法），故其点画不得妄动。子其书绅。

最后，《张长史十二意笔法记》以下文作为结尾：

予遂铭谢再拜，逡巡而退。自此得攻书（钻研书法）之术，于兹五年，真、草自知可成矣。

刚正之官

不久，颜真卿即由长安县县尉升迁至负责监督官员的监察御史。据前引《封氏闻见记》，有望当宰相的精英官僚，最为典型的仕途是，科举进士科及第之后，经校书郎、畿县县尉，升任监察御史。真卿至今为止的仕途，正好与这出人头地的升迁路径相合。升任监察御史的颜真卿，同时还兼任覆屯交兵使这一使职，多次受命去地方上视察。覆屯交兵究竟何意，以及覆屯交兵使的具体职务，尚有未明。最初是天宝六载（747），颜真卿充任河东朔方军试覆屯交兵使，奔赴今山西省至鄂尔多斯一带；随后是次年天宝七载（748），充任河西陇右军试覆屯交兵使，奔赴今陕西省北部至甘肃省方面一带。在颜真卿出发时，擅长吟咏边塞风物，以边塞诗人而闻名的岑参，曾作诗为其饯行，此即题为《胡笳歌——送颜真卿使赴河陇》的七言古诗。胡笳，是胡人所吹的芦笛。这首被收入《唐诗选》的古诗，以"君不闻胡笳声最悲"为开头，最后以"胡笳怨兮将送君，秦山遥望陇山云。边城夜夜多愁梦，向月胡笳谁喜闻"结尾。用带着哀怨调子的胡笳曲为君送行，从环绕长安的群山，能够望见的唯有陇山边上的云；边境的小城里每晚都是忧愁的梦，月下的胡笳，又有谁能快乐地聆听。诗意大致如上。

据说，当时五原郡（郡治五原，今陕西定边）地区遭遇大旱，同时不少冤假错案积压已久，迟迟未有裁决。真卿到任后，成功为百姓洗清冤屈，判决无罪释放。正当此时，天降甘霖，人们欣喜地高呼这是"御史雨"。

翌年天宝八载（749），颜真卿又再次充任河东朔方军试覆屯交兵使。任期之中，他弹劾了朔方县（今陕西靖边）县令郑延祚。郑氏的母亲身故二十九年之久，却仍然被临时埋葬在太原（今山西太原）的佛寺墓地中，一直未正式下葬，此即郑氏的罪状。由于颜真卿的弹劾，郑氏兄弟三人最终被世人所不齿。

回到长安之后，颜真卿依旧不改本色，将其刚正一面表露无遗。负责天子警卫工作的左金吾将军李延业，倚仗天子恩宠，在宫中招待外国客商时，竟毫无顾忌地领来了天子的仪仗。朝堂上，颜真卿因此事批评李延业，而李延业却旁若无人地大声嚷嚷起来。真卿毫不畏惧，坚持将李延业的荒唐之事上奏，最终李延业被贬为地方太守。

真卿由监察御史升任殿中侍御史之时，作为上司的御史中丞宋浑，因得罪了吉温与崔珪一党，遭其诬告，被流放到岭南的偏远之地贺州（州治临贺，今广西贺州）。当时，颜真卿质问吉温一党，说道："奈何以一时之忿，而欲危宋璟裔（让宋璟的后裔置身于险地）乎？"宋浑的父亲宋璟，是开元时期的知名宰相，有子八人，宋浑是其第四子。

第二章

约二十年后的大历五年（770），真卿应宋璟之孙宋俨的邀请，为宋璟撰写神道碑并书丹（《金石萃编》卷九七）。这块立于邢州南和（今河北南和）的石碑，还刻有如下褒扬宋璟子嗣的文字："或肃或乂，或哲或谋，克笃前烈，以休令闻。"说宋璟的儿子，或是庄重，或是文雅，或是明哲，或是俊秀，能够继承父亲的功业，并为其名声增色。然而，与褒扬之辞相反的是，宋璟的儿子们似乎皆不成器，《新唐书》贬斥其"荒饮俳嬉"，说兄弟均是饮酒无度的轻薄之人。因而有人为真卿感到惋惜，道："谀墓之词，虽鲁公亦不免若是欤？"（清武亿《授堂金石跋》）也就是说，即便是真卿也免不了碑文的套话，有奉承之词。令人遗憾的是，事实很可能确实如此。

这些后来的事暂且不谈，尽管颜真卿提出异议，但宋璟之罪却终究未被赦免。不仅如此，这件事还威胁到真卿自身的安稳。这是因为，吉温是个反复无常的小人，善于巴结当权者。其时，吉温向杨国忠极尽谄媚，受其宠爱，因而谁与吉温不和，便会招致杨国忠的不快。杨贵妃集唐玄宗的恩宠于一身，作为白居易《长恨歌》中的女主角被后人所知，而杨国忠正是她的从兄，并且爬上了宰相之位，身处权力的顶峰。虽然已身居高位，但在杨国忠的眼里，恐怕颜真卿也是个有些麻烦的人。杨国忠帮助吉温一方，谋划将颜真卿赶出御史之职。当时，蒋洌取代宋浑为御史中丞，杨国忠让吉温唆使蒋洌，让他把真卿调职到东都畿采访判官。东都畿指东都洛阳的周边地区,而采访判官则是负责监察违法之事的采访使的副官。"为使则重,为官则轻"(《唐国史补》卷下),采访使本不是很被看重的使职,何况是其副官。对于颜真卿那有望晋升宰相,履历光鲜的仕途,自不待言,这是一次沉重的打击。进士科及第之后,历任校书郎、畿县县尉、监察御史,真卿顺顺当当地走在精英赛道上,根据《封氏闻见记》的说法,有望晋升宰相之人,下一步本应升任至向天子提供建议的拾遗之官。

然而,不知是不是惩罚暂且告一段落,颜真卿得以重返殿中侍御史一职。在其兄允南的神道碑中,下述颜真卿的自叙,正能反映他当时的得意之情:

> 玄宗尝撰《华岳碑》并书。天宝九载(750),令御史大夫王铁打(锤拓)百本以赐朝臣。家获二本者四族,而君以两省(中书省及门下省)官,弟真卿以殿中侍御史,居其一焉。每正、至(正月元旦、冬至)朝贺,宰相以下登殿者不过三十人,而君与真卿、王铁法服(官服),于(大明宫之)含元殿蹈舞而衣接焉。朝觐宴集,必同行列。故君赋诗云:"谁言百人会,兄弟皆雪陪。"

唐玄宗《华岳碑》,即作为玄宗御制,被收入《唐

· 第二章 ·

文粹》（卷五○）的《西岳太华山碑铭并序》。开元十二年（724）十一月，玄宗行幸东都洛阳，途中在华山山麓的华阴县（今陕西华阴）华岳祠立此碑。在碑文中，玄宗说自己生于景（丙）戌岁的仲秋之月，"膺少昊之盛德，协太华之本命"，不过，恐怕"景（丙）戌"当为"乙酉"之误。因为玄宗是垂拱元年（685）秋八月生，那么仲秋并无问题，但垂拱元年并非丙戌而是乙酉，翌年垂拱二年才是丙戌之岁。《旧唐书·礼仪志三》也明确记载道："玄宗乙酉岁生，以华岳当本命。先天二年（713）七月，正位；八月癸丑，封华岳神为金天王。"这一问题暂且不论，在上述引文之前，碑文说"其行配金，其辰直酉"，这是因为华山是代表中国的五座名山——东岳、南岳、中岳、西岳、北岳——中的西岳，而在木火土金水的五行配属中，西方属金，并且在十二支中，酉也属金。而生于乙酉之岁的玄宗，将西岳华山视为"本命"，认为自己是西岳华山之子。再加上，传说黄帝之子少昊氏以金德而王天下，因而玄宗给少昊氏献上金天王的称号，将其作为华岳神来加以崇拜。

颜真卿得到玄宗下赐的御制《华岳碑》拓本，自是无比光荣。而正当此时，颜真卿对于书法创作的热情，也终于步入了旺盛期。传至后世的颜真卿书法作品中，创作时间最早的是天宝十一载（752）四月，立于长安千福寺的《多宝塔感应碑》。碑文的撰者是岑勋，内容的概要如

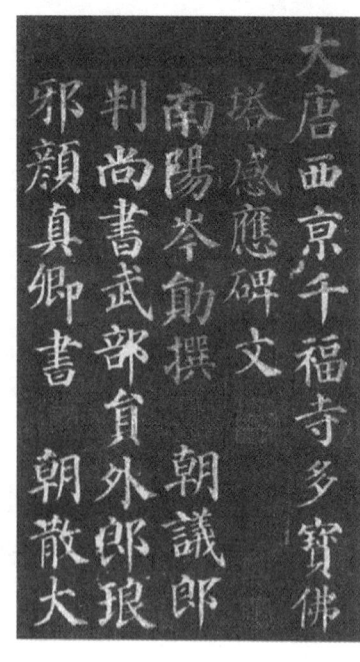

多宝塔感应碑

下：佛僧楚金禅师，在一个寂静的夜晚，念诵《法华经》。当读至《见宝塔品》时，宝塔似乎就出现在了眼前，因而楚金禅师下定决心要修建宝塔。不久，楚金禅师得到了许王瓘等人的喜舍，天宝元年（742）宝塔终于开始动工。不可思议的是，玄宗竟然也梦见了宝塔的动工，并敕赐"多宝塔"这一匾额。经过六年的兴建，宝塔最终得以顺利落成。而记录上述内容的文章，经由颜真卿的挥毫书丹，最后被刻在了石碑之上。石碑首行"南阳岑勋撰"后，是"朝议郎·判尚书武部员外郎琅邪颜真卿书"的题署。据殷亮《颜鲁公行状》，此时颜真卿已由侍御史转任武部员外郎判南曹。朝议郎并非实职，只是为了表示其位阶为正六品下，即所谓的文散官。而武部，即是兵部，天宝年间的某一时期，兵部改称武部。真卿隶属于尚书省武部（其长官为武部尚书），同时又参与人事选拔的南曹工作。

虽然如此,但这段得意的时光却并不长久。因为颜真卿与杨国忠间的不和并未消解。杨国忠再次谋划将真卿逐出中央,最后以"精择"(精心选拔官员)这一美名,用合理合规的方式,命令颜真卿出任平原郡(山东陵城)太守。其时,岑参复作题为《送颜平原》的长诗,为真卿饯行。诗前有序云:"(天宝)十二年(753)春,有诏补尚书十数公为郡守,上亲赋诗觞群公,宴于蓬莱前殿,仍锡(赐)以缯帛,宠饯加等。(岑)参美颜公是行,为宠别(赠别)章句。"岑参说"美颜公是行",即为颜公的远行感到高兴,但这是不是他的真心话呢?岑参的诗,以"天子念黎庶(人民百姓),诏书换诸侯(地方上的太守)"为开头,但在中段提到真卿赴任之地的景色时,却用了"郊原北连燕,剽劫风未休"这样的描写。这似乎是在暗示颜真卿被乌云笼罩的未来。之所以这么说,是因为"燕"地,如下章所言正是安禄山的老巢,而"剽劫"则是抢劫、打劫之意。

| 第三章 |
安史之乱

羯胡安禄山

颜真卿接到命令出任平原太守,是在天宝十二载(753),正当其四十五岁之时。平原郡郡治安德,即今山东陵城。颜真卿出任太守的这一年,也恰好是安禄山野心膨胀,谋反之意渐浓之时。

据《旧唐书》记载,安禄山出生于东北边境的营州柳城(今辽宁朝阳),是"杂胡(混血胡人)",本无姓氏,《新唐书》谓其"本姓康"。母亲是突厥巫女,在轧荦山(轧荦,即战神之义)祈祷时得子,是为安禄山。唐姚汝能《安禄山事迹》记录了其诞生之夜的种种灵异现象,说"赤光傍照,群兽四鸣",而望气者(通过观察云气来占卜吉凶的人),则宣称目睹了尾焰炽盛的"妖星",坠落在其帐篷之上。由于他是母亲在轧荦山祈祷所得,因而原名"轧荦山",但不久父亲过世,母

· 第三章 ·

亲改嫁安延偃，故改称安禄山。值得一提的是，安禄山生父姓"康"，意味着其来自康国，即撒马尔罕；而义父姓"安"，则代表其来自安国，即布哈拉。撒马尔罕和布哈拉，均为今乌兹别克斯坦共和国境内的城市，那里居住着属于中亚伊朗系民族的粟特人。

话虽如此，当时唐朝人每每将安禄山称为羯胡。《资治通鉴》贞元十年条下，有"及羯胡乱华"一句，胡三省注云："谓安禄山、史思明。"而颜真卿也常用"羯胡首乱""羯胡作乱"来代指安禄山之乱。并且，根据真卿为从兄杲卿所撰神道碑，安禄山残杀杲卿时，杲卿大骂对方是"臊羯胡狗"。因而，"羯胡"应是当时对杂胡的蔑称。

成年后的安禄山，靠当互市牙郎为生。所谓互市牙郎，即在国际贸易枢纽，接洽往来客商的掮客。如"招辑商胡，为立店肆"（《旧唐书·良吏传·宋庆礼传》）所描绘的那样，柳城是一个胡商云集、店铺鳞次栉比的商业都市。粟特人善于经商，有不少人从事于中亚与中国之间的国际贸易。《唐会要》卷九九"康国"条记载："习善商贾，争分铢之利，男子二十即送之他国，来过中夏。利之所在，无所不至。"自不待言，安禄山体内也流淌着这般的血液。更何况安禄山据说能讲六国语言，互市牙郎正是其施展才能的理想职业。

不过，一件意外之事竟成了安禄山飞黄腾达的契机。

开元二十年（732），因涉嫌盗羊，幽州节度使张守珪逮捕了安禄山。被押上刑场的安禄山，夸口说道："大夫不欲灭奚、契丹邪？奈何杀禄山！"奚和契丹是中国北方颇有势力的少数民族。听信了这番话的张守珪，赦免了安禄山，并收其为养子。当时的军阀，为了培植亲信，收了很多养子，因而并非稀见之事。翌年，尽管有之前那番豪言壮语，安禄山却还是在战斗中败给了奚和契丹，被朝廷问罪，押送长安。宰相张九龄认为安禄山面有反相，要处以斩刑，而玄宗却责备他对自己的先见之明太过自负，不应滥杀无辜。得到释放的安禄山，回到了张守珪的身边。不管怎样，因为这件事，安禄山的名字应该在玄宗记忆的一角，留下了些许痕迹。

安禄山之后的飞黄腾达让人目瞪口呆。天宝元年（742），安禄山被提拔为平卢节度使，即以营州为驻扎地的军政长官。除营州的平卢军之外，平卢节度使还统率平州（今河北卢龙）的卢龙军，麾下士兵有三万七千五百人。翌年天宝二年（743）正月，凭借平卢节度使的身份得以入朝谒见的安禄山，作了以下这般令人肉麻的奏言："去年营州虫食苗，臣焚香祝天云：'臣若操心不正，事君不忠，愿使虫食臣心，若不负神祇，愿使虫散。'即有群鸟从北来，食虫立尽。请宣付史官。"这事想必给玄宗留下了很深的印象，此后安禄山得以随时入宫谒见。

天宝三载（744），在平卢节度使之外，安禄山又兼任范阳节度使（或名幽州节度使），并将大本营由营州迁至范阳节度使的镇所，即今天的北京。范阳节度使麾下士兵有九万一千四百人。杜甫五言诗《后出塞》五首中的第四首，吟咏了渔阳城内的骄横之气，以及物资丰盛的兴隆景象，渔阳即是安禄山大本营范阳的古称。诗的内容具体如下："献凯日继踵，两蕃静无虞。渔阳豪侠地，击鼓吹笙竽。云帆转辽海，粳稻来东吴。越罗与楚练，照耀舆台躯。主将位益崇，气骄凌上都。边人不敢议，议者死路衢。"与外族的战争每日均有捷报传至朝廷，奚、契丹等番族俯首听命再也不需担心。渔阳是勇猛男儿耀武扬威之地，笙笛锣鼓的咚咚锵锵之声响彻城中。云彩般的白帆朝着渤海湾行进，这是由江南运来的稻米。越地的薄绢、楚地的熟绢，连底层的武士也穿得金光闪闪。主将安禄山的官位越来越高，趾高气扬地连朝廷也不放在眼里。边地的人们谁都不敢议论，因为不小心说出了口就会遭到弃市之刑。诗意大致如此。虽然此诗原是虚构之作，但杜诗素有"诗史"之评，恐怕颇能反映当时的实际。

气骄凌上都

以范阳为大本营的安禄山，命令属下的将军常驻长安，让他们事无巨细地汇报首都的情况。从讨伐奚、契丹所获得的俘虏，再到家畜、奇珍异兽，以及其他价值不菲的珍宝，安禄山均一一献给朝廷，或是将其作为赠予朝廷要人的礼物。其中，安禄山最想讨好的是，取代张九龄担任首席宰相的李林甫。李林甫是唐朝皇室的一员，玄宗时期因擅长山水画而被称为大李将军、小李将军的李思训、李昭道，正是其伯父与从弟，并且据张彦远《历代名画记》所言，李林甫自身也精通绘画。不过，李林甫的品性却极为低劣，是背后被人称作"口有蜜，腹有剑"的阴险之人。而玄宗之所以重用安禄山，据说最初也是因为李林甫的奏言。《资治通鉴》天宝六载（747）条，有下述记载："自唐兴以来，边帅（边境地区的将军）皆用忠厚名臣，不久任（长时间任职），不遥领（挂名而不去当地赴任），不兼统（统领多个地区），功名著者往往入为宰相。"然而，到了开元年间，玄宗有吞并四夷之志，从而打破了以往的方针，边将的久任、遥领、兼统变为了常态。而且，由于担心自己的地位会受到威胁，李林甫想要斩断边将回到中央成为宰相的这条路，于是向玄宗进言："文臣为将，怯当矢石，不若用寒畯胡人。胡人则勇决习战……彼必能为朝廷尽死。"玄宗以其言为是，故"始用安禄山"。接下来《资治通鉴》这样写道："至是，诸道节度（使）尽用胡人，精兵咸戍北边，天下之势偏重，卒使禄山倾覆天下，皆出于林甫专宠固位之谋也。"关于"诸道节度（使）"，胡三省注云："安禄山、安思顺、哥舒翰、高仙芝，皆胡人也。"

第三章

　　安禄山亲自上京的次数，不再是以往的一次两次。据说安禄山是一个体重有三百三十斤，肚皮耷拉在膝盖之下的大胖子。因而上京之际，安禄山会特意挑选强壮之马作为坐骑。尽管如此，在驿站与驿站之间，马儿还是会被累得个半死，必须换马。因为安禄山在朝中获得了御史大夫的位阶，所以换马之处被称为"大夫换马台"。尽管如此肥胖，但安禄山却擅长"胡旋舞"，一种源于胡族的犹如旋风般的舞蹈。白居易的《新乐府》五十首，意在批判政治，讽刺社会。其第八首正以《胡旋女》为题，诗的内容如下："胡旋女，胡旋女。心应弦，手应鼓。弦鼓一声双袖举，回雪飘飖转蓬舞。左旋右转不知疲，千匝万周无已时。人间物类无可比，奔车轮缓旋风迟。曲终再拜谢天子，天子为之微启齿。"在竖琴和皮鼓奏响之时，胡旋女那举起双袖翩翩起舞的身姿，就像飘舞于风中的雪花，飞转于原野的蓬草。左右回转而不知疲倦，舞了千回万回也尚未停息。人世间的事物已无法与之比拟，疾驰的车轮慢慢吞吞，旋风也慢得令人焦急。一曲终了，胡旋女拜了两拜，向天子致意，而天子则回之以微微一笑。诗的第一节便是如此，而接下来的第二节则以"胡旋女，出康居（撒马尔罕）"为开头，其中有"中（宫中）有太真（杨贵妃）外禄山，二人最道能胡旋"等诗句。

　　入朝晋谒的安禄山，在与玄宗的应答之中，巧妙地搔到了玄宗心中的痒处。玄宗嘲笑道："此胡腹中何所有？其大乃尔！"而安禄山则回答："更无余物，正有赤心耳！"当安禄山被引荐给皇太子，并被催促行礼时，他却站着不动，说："臣胡人，不习朝仪，不知太子者何官？""此储君也，朕千秋万岁后，代朕君汝者也。""臣愚，向者惟知有陛下一人，不知乃更有储君。"如此，安禄山才装作不得已的样子，向皇太子行了拜礼。玄宗以为，安禄山是个粗鲁但率真的人。在兴庆宫勤政楼召开的宴会上，文武百官并排而坐，而安禄山却被安排在特殊的座位。玄宗特地命人在御座之东，设立金鸡屏风，前置长榻，让安禄山安坐于此，并且还卷起御帘，以示宠遇。

玄宗对安禄山的宠爱，并不仅限于此。玄宗命令杨贵妃的从兄杨铦、杨锜，以及杨贵妃的姐姐韩国夫人、虢国夫人、秦国夫人，与安禄山结拜为兄妹。如此，得以自由进出禁宫的安禄山，最后竟恳求成为杨贵妃的养子。玄宗与杨贵妃并排而坐，伺候于其间的安禄山却先向贵妃行拜礼。玄宗纳闷地询问其缘故，安禄山答道："胡人先母后父。"玄宗大笑。较之父亲，我们胡人更加重视母亲，这即是安禄山的理由。"禽兽知母而不知父"，是见于儒家经典《仪礼》的话，也就是说"先母后父"的胡人与禽兽无别。这里是安禄山故意贬低自己，向玄宗开了个玩笑。甚至还有下述这样的事情：有一回，深宫中传来了"哇哇"的叫声。不知发生何事的玄宗，走过去一瞧，竟发现

第三章

杨贵妃为了给养子安禄山庆祝生日,像给新生儿洗澡一样,正在给他沐浴,并且还给他裹上了用绸缎做的巨大襁褓。这般丑态必然是传出了宫外,关于杨贵妃与安禄山的关系,坊间流传着种种流言蜚语。但是,玄宗对杨贵妃的深爱,以及对安禄山的宠遇,却丝毫未变。《资治通鉴》说:"自是禄山出入宫掖不禁,或与贵妃对食,或通宵不出,颇有丑声闻于外,上(玄宗)亦不疑也。"

天宝十载(751),继平卢节度使、范阳节度使之后,安禄山又兼领河东节度使。河东节度使的镇所在太原,统领士兵五万五千人。平卢节度使麾下的三万七千五百人,范阳节度使麾下的九万一千四百人,再加上河东节度使麾下的五万五千人,合共是十八万三千九百人。天下镇兵合共为四十九万人,仅安禄山麾下的士兵,既已占总数的百分之三十七左右。不过,就河东节度使而言,因为安禄山奏请吉温担任副节度使,所以具体事务实际是由吉温代理。而这个吉温,正是过去与颜真卿有过矛盾的那个人,此时他已通过献媚成了安禄山的结拜兄弟。无论如何,兼领平卢、范阳、河东三节度使的安禄山,变得越发骄横,到了朝廷难以坐视不理的程度,而他自己其实也对未来抱有不安。尽管玄宗对自己宠遇有加,但已是高龄,如果玄宗驾崩,太子登基,那么自己将会怎样?昔日未向皇太子行礼的记忆,时不时掠过安禄山的心头,每每想到此事,他心中的不安便愈发严重。而且，玄宗身边也有不喜欢他的人，这就是安禄山的强敌、杨贵妃的从兄杨国忠。天宝十一载（752），在首席宰相之位十九年之久的李林甫去世，杨国忠趁机取而代之。

安禄山颇为敬畏李林甫。去拜访李林甫的时候，想说的话总会被对方先说出来，让他不禁怀疑起自己的内心是否已被其看破，即使是寒冬之中也吓得大汗淋漓。安禄山的属下刘骆谷，负责范阳与长安之间的联络工作。每当刘骆谷从首都带回情报，安禄山总会先问"十郎何言"。如果李林甫对自己有所称赞，则会欢欣雀跃；如果李林甫让自己谨慎行事，则会一屁股坐在床上，哀叹"噫嘻，我死矣"，随后便像大字一样瘫倒不起。"十郎"的"郎"，是仆人对主人的称呼，有点像"老爷"这样的意思。因为李林甫在家族的同辈人中，排行第十，所以在"十"之后添一"郎"字，称之为"十郎"。

然而，取代李林甫成为首席宰相的杨国忠，却与安禄山不和，两人互相看不起，认为对方是暴发户。天宝十三载（754）正月，适逢安禄山入朝之际，杨国忠向玄宗上奏，称安禄山必反，谓"陛下试召之，必不来"。华清池温泉在长安的东郊，唐王朝于此设有离宫，当时玄宗与杨贵妃正逗留在此。而与杨国忠所言相反，安禄山却亲赴华清宫，并在玄宗面前哭诉道："臣本胡人，陛下宠擢至此，为国忠所疾，臣死无日矣！"玄宗觉得他可怜，便没有听信杨国忠的话。而皇太子也与杨国忠一样,奏言安禄山必反,玄宗也依旧不予理会。不仅如此,玄宗还想加封安禄山同平章事之位,甚至连制书的稿子都已拟好了。所谓同平章事,即是宰相之职。然而,杨国忠却进谏说:"禄山虽有军功,目不知书,岂可为宰相!制书若下,恐四夷轻唐。"由于有这番谏言,即便是玄宗,也只好作罢。其年三月,怀着未获宰相头衔的不满,安禄山从长安回到了范阳。

渔阳鼙鼓动地来

翌年天宝十四载(755),安禄山奏请将麾下的三十二名将军,由汉将换为番将,一连串图谋不轨的行为,便由此展开。朝廷派遣的使者前来,安禄山却称疾不出,仅在重装士兵的保卫下进行会见,且不行人臣之礼。

杨国忠为了寻找安禄山谋反的证据,搜查安禄山长安宅邸之事,发生在其年四月。这一宅邸,本是玄宗修建于亲仁坊的大宅。

六月,玄宗命宗室之女下嫁于安禄山之子安庆宗(其时庆宗滞留于长安),并命安禄山入朝。得到玄宗手诏(皇帝亲笔诏书)的安禄山,依然称疾不出。

七月,安禄山上表,想要献上七千匹马,每匹马有马夫二人护送,并由番将二十二人统领全员。这其实是个偷袭首都的阴谋，河南尹（与西京长安相对的，东都洛阳的长官）达奚珣察觉到了这一点，奏请朝廷可以如此劝谕安禄山："进车马宜俟至冬，官自给夫（马夫），无烦本军（不劳烦你方护送）。"至此，玄宗终于开始对安禄山有所怀疑。在授予安禄山的手诏中，除了达奚珣奏请的内容外，玄宗还添了一句："朕新为卿作一汤（温泉），十月于华清宫待卿。"十月，玄宗行幸华清宫，然而安禄山依旧不来。

随后，十一月甲子（九日），其时玄宗仍停留在华清宫，安禄山终究在范阳举兵造反。而安禄山举兵的大义名分，是要清君侧，铲除杨国忠。

关于上述事情的经过，《资治通鉴》有以下简要的概括：

> 安禄山专制三道（平卢、范阳、河东），阴蓄异志，殆将十年，以上待之厚，欲俟上晏驾然后作乱。会杨国忠与禄山不相悦，屡言禄山且反，上不听。国忠数以事激之，欲其速反以取信于上。禄山由是决意遽反，独与数人密谋，①自余将佐皆莫之知，但怪其自八月以

---

① 译者注："独与数人密谋"，《资治通鉴》原作"独与孔目官·太仆丞严庄、掌书记·屯田员外郎高尚、将军阿史那承庆密谋"，此处依作者日文译文省改。

来，屡飨士卒，秣马厉兵而已。会有奏事官自京师还，禄山诈为敕书，悉召诸将示之曰："有密旨，令禄山将兵入朝讨杨国忠，诸君宜即从军。"众愕然相顾，莫敢异言。十一月甲子，禄山发所部兵及同罗、奚、契丹、室韦凡十五万众，号二十万，反于范阳。

"渔阳鼙鼓动地来"，从范阳（渔阳）出发的安禄山叛军，其震撼大地的军鼓之声，由远方袭来。白居易在《长恨歌》中，便是如此来描写安禄山之乱的爆发的。

平原太守

颜真卿赴任平原郡太守，是在安禄山举兵叛乱的两年之前。平原郡原称德州，天宝元年（742）改为此名。而德州，原是安禄山兼领的三节度使中，范阳节度使军政管辖下的十六州之一。

对于无从了解龌龊的政治内幕，一心歌颂玄宗的统治，做着太平之梦的大多数人来讲，安禄山的叛乱，完全是无法预期的惊天动地的事。但是，对于在官场中有着多年经历的颜真卿来说，则并非如此。他在到任之初，已有安禄山迟早会造反的危机感。因而，颜真卿一方面以久雨为借口，修理城墙，疏通壕沟，清点壮丁，储备粮食，暗中做好了种种准备；另一方面，则泛舟于壕沟之上，与文士们饮酒赋诗，举办各种雅集，装作若无其事。尽管颜真卿出任平原太守，自是因为得罪了杨国忠，但说不定在赴任之前，他曾从杨国忠那里得到了某些指示。从平原郡的如此情况，敏感地察觉到颜真卿有意抵抗的苗头，向安禄山报告的人也并非没有。不过，尽管安禄山向平原郡派出了密探，但终究认为书生之流难以成事，并未将颜真卿放在眼里。

天宝十四载（755）十一月甲子日（九日），于范阳举兵造反的安禄山，其首要的目标是东都洛阳。举兵十日之后的甲戌（十九日），安禄山军抵达博陵郡（郡治博陵，今河北蠡县①），随后即至于常山郡（郡治真定，今河北正定）藁城。此时担任常山太守的，正是真卿的从兄颜杲卿，即伯父元孙的第二子。不知是何缘故，颜杲卿曾与属官袁履谦一同前往了安禄山之处，但在回来的路上，杲卿指着安禄山所赐紫衣说道："与公何为着此！"表明了自身不向安禄山屈服的意志。在河北诸郡不断沦陷的情况之下，颜真卿派出部下李平，抄近道前往长安，与杲卿一样，向朝廷传达了抵抗安禄山的决心。而此时正在慨叹"（河北）二十四郡，曾无一人义士邪"的玄宗，听闻李平赶来，惊喜地说："朕不识颜真卿作何状，乃能如

---

① 译者注：此处有误。唐博陵郡，郡治安喜（古称卢奴），即今河北定州。

第三章

是！"颜真卿招募勇士，不出十日即得一万余人。而平原郡附近的饶阳郡（郡治饶阳，今河北饶阳）、河间郡（郡治河间，今河北河间）、博平郡（郡治聊城，今山东聊城）等地，也互相配合，相继有所行动，并一同推举颜真卿为盟主。

十二月丁酉（十二日），洛阳最终沦陷，被安禄山所占领。作为祭旗的牺牲品，尚书李憕、御史中丞卢奕、判官蒋清遭到了处决。三人的首级被送至平原郡，安禄山的使者段子光向颜真卿大喊："仆射十二日入东京，远近尽降，闻河北诸郡不从，故令我告之。公若损我，悔有日在！"仆射，自然是指安禄山，因为其曾从唐王朝拜领尚书右仆射的头衔。虽然颜真卿知道这三个首级毫无疑问是真的，但为免动摇人心，便说"我识此三人，首皆非也"，遂立即命令士兵斩杀段子光，并暗中将三人首级埋入土中。数日之后，颜真卿命人将首级取出，清洗干净，用捆好的蒲草当作四肢，收殓入棺，郑重地为三人举行葬礼。这样一来，使得众人更加敬佩真卿。

那么，唐王朝又是如何应对安禄山之乱呢？朝廷接报之后，最初是将讨伐的任务交给了封常清。封常清是以西部边境龟兹（今新疆库车）为镇所的安西四镇节度使，恰好于安禄山举兵的天宝十四载（755）十一月入朝晋谒。在华清宫谒见玄宗的封常清，被问到征讨安禄山的方略，他大发豪言说："计日取逆胡之首悬于阙下！"于是，封常清受封范阳节度使这一原属于安禄山的头衔，进而向东进发。紧接着，十二月，原籍高丽的将军高仙芝被任命为讨伐军的总司令。封常清年轻时，以侍从的身份追随高仙芝，其后高仙芝一直是其上司。附带一提的是，天宝十载（751），在中亚塔拉斯河畔，时任安西四镇节度使的高仙芝与阿拔斯王朝的伊斯兰军发生冲突，以唐军大败而告终。当时，通过被俘的抄纸工，造纸术由此传入了伊斯兰世界，这是众所周知的事情。

封常清抵达洛阳之后，旋即招募士兵，虽然募得六万人之多，但无奈的是，这些人不过是对于战斗毫无帮助的乌合之众，遇上安禄山军，顷刻间便全军覆没。在战争中惨败，豪言壮语被无情粉碎的封常清，只好溜之大吉。于是，封常清与高仙芝暂时撤退，据守于长安与洛阳之间的潼关，以防安禄山军入侵关中。然而，被派来监督高仙芝军的宦官边令诚，却向朝廷诬告二人。封常清因战败而被追责，高仙芝则因侵吞军粮，将玄宗赏赐将士们的物品据为己有等罪名，而被问责。虽有雄图伟略，二人却于十二月癸卯（十八日）被朝廷处死。这距离此前安禄山占领洛阳，仅过了六天而已。

岁序更新，天宝十五载（756）正月元日，安禄山于洛阳即帝位，自称大燕皇帝，以圣武为年号。而对于安禄山来说，正月元日还是他的生日，是一年中最吉庆的一天。

· 第三章 ·

值得一提的是，安禄山举兵造反的情报，没过多久就传到了日本。《续日本纪》天平宝字二年（758）十二月条下，根据日本遣渤海使小野田守回国后的报告，有如下长篇记录。虽略有误传，但总体相当准确，"天宝十四载，岁次乙未十一月九日，御史大夫兼范阳节度使安禄山反，举兵作乱，自称大燕圣武皇帝。改范阳作灵武郡，其宅为潜龙宫，年号圣武。留其子安卿（庆）绪知范阳郡事，自将精兵二十余万骑，启行南往。十二月，直入洛阳，署置百官"云云。

而在这样的情况下，平原太守颜真卿又采取了怎样的行动？

真卿派使者前往从兄常山太守颜杲卿之处，约定一同起兵，搅乱贼军后方。而作为使者的，是杲卿外甥卢逖，那时卢逖正寄居于真卿之处。杲卿抵抗安禄山的决心自不用说，与真卿没有任何不同。杲卿和前述属官袁履谦一同，开始采取相关行动。然而，无奈的是，安禄山察觉到河北各地有抵抗的苗头，命令史思明发起总攻，天宝十五载（756）正月八日，常山郡最终陷落，杲卿末子季明及卢逖均被杀害，而杲卿本人则被俘虏并移送洛阳。"汝自范阳户曹，我奏汝为（营田）判官，不数年超至太守，何负于汝而反邪？"安禄山如此诘问杲卿。其实，在很早之前，杲卿便已是范阳节度使安禄山幕府的属下，因为常山郡也和平原郡一样，属于范阳节度使的军政管辖范围。杲卿不甘示弱地回道："汝本营州牧羊羯奴，天子擢汝为三道节度使，恩幸无比，何负于汝而反？我世为唐臣，禄位皆唐有，虽为汝所奏，岂从汝反邪！我为国讨贼，恨不斩汝，何谓反也！臊羯狗，何不速杀我！"安禄山勃然大怒，命人将杲卿绑在横跨洛水的天津桥的桥柱上，刀刮其肉而食，最后还让人割下了辱骂不止的杲卿的舌头。安禄山问他："复能骂否？"杲卿用尽全力想要发声，可最终身体被贼军大卸八块。当时，颜氏一族丧命者多达三十余名。

青年李萼的献策

正在这时，有一位来自清河郡（郡治清阳，今河北清河），名为李萼的年轻人到访平原，请求颜真卿派遣援军。关于此事，殷亮《颜鲁公行状》的记录最为详细，有"时清河郡寄客（寄住在清河郡之人）李华，为郡人来乞师于公曰"云云。然而《行状》作"李华"而非"李萼"，并且正文之下，还有"后因献封事（密封的奏章），肃宗有敕改名"的小注。据此，似乎他原名"华"，后来才改为"萼"。令狐峘《颜鲁公神道碑铭》及《新唐书·颜真卿传》均记作"李萼"，或许正是这个原因。而《旧唐书》及《资治通鉴》至德元载条所记"李萼"，则当为"李萼"之误。而以下行文，则以"李萼"

为准。

面对真卿，李萼是这样开头的："公首唱大义，河北诸郡恃公以为长城。今清河，公之西邻，国家平日聚江、淮、河南钱帛于彼以赡北军，谓之'天下北库'。今有布三百余万匹，帛八十余万匹，钱三十余万缗，粮三十余万斛。昔讨默啜（突厥首领默啜可汗），甲兵皆贮清河库，今有五十余万事（件）。户七万，口十余万。窃计财足以三平原之富，兵足以倍平原之强。公诚资以士卒，抚而有之，以二郡为腹心，则余郡如四支（肢），无不随所使矣。"真卿说："平原兵新集，尚未训练，自保恐不足，何暇及邻！虽然，借若诺子之请，则将何为乎？"李萼回答道："清河遣仆衔命于公者，非力不足而借公之师以尝寇也。今仰瞻高意，未有决辞定色，仆何敢遽言所为哉！"真卿被这番话所打动，想要借兵与李萼。然而众人却极力反对，认为李萼不过是个二十出头的年轻人，借兵给他只会白白分散兵力，不可能取得成功。因而颜真卿只好拒绝了李萼的请求。

李萼回到客舍，又写了封书信，命人呈与真卿，其内容如下："清河去逆效顺，奉粟、帛、器械以资军，公乃不纳而疑之。仆回辕之后，清河不能孤立，必有所系托，将为公西面之强敌，公能无悔乎？"

真卿大惊，赶紧来到李萼的客舍，答应借给他六千士兵。随后，真卿将李萼送至郡界，并问他打算如何应敌，李萼如此回答道："闻朝廷遣程千里将精兵十万出崞口（即壶关，今河北邯郸附近）讨贼，贼据险拒之，不得前。今当引兵先击魏郡（郡治贵乡，今河北大名，位于壶关东南），分兵开崞口，出千里之师，因讨汲、邺以北至于幽陵（即当时河北南部至范阳一带）郡县之未下者。平原、清河帅诸同盟，合兵十万，南临孟津（位于洛阳东方，①乃黄河的要冲），分兵循河，据守要害，制其北走之路。计官军东讨者不下二十万，河南义兵西向者亦不减十万。公但当表朝廷坚壁勿战，不过月余，贼必有内溃相图之变矣。"

真卿对李萼的战略表示赞同。大将李择交和平原县令范东馥率领的平原兵，与四千清河兵、一千博平兵汇合，布阵于堂邑（今山东聊城东北）西南。敌军以魏郡兵两万应战，虽然敌军人数占优，但因为三郡联军奋死拼搏，最终取得了斩首一万余级、俘虏千余人的巨大战果。而占领魏郡的安禄山军，则退守于汲郡（郡治汲县，今河南卫辉）。

危机逼近

安禄山虽然占领了洛阳，但对于以颜真卿为盟主的河

---

① 译者注：孟津位于洛阳北面，"东方"似为"北方"之误。

第三章

北地区的抵抗运动，却不能坐视不理。这是因为洛阳与原来的大本营范阳间的联系被切断的话，则会有背后受敌的风险。因此，安禄山把河北地区的讨伐与镇压工作，托付给了史思明。史思明跟安禄山均出生于营州，他的生日只比安禄山早一天，而且与安禄山一样，史思明年轻时也是靠当互市牙郎为生。安禄山和出身于突厥的史思明，因上述奇妙之缘而结交，是多年来的盟友。

攻陷颜杲卿的常山郡后，史思明继而包围饶阳，危机一步步向平原郡逼近。北海郡（郡治益都，今山东青州）太守贺兰进明，明确表示了抵抗安禄山的意志，因而颜真卿向其求援。为此，贺兰进明专程来到平原，从方方面面与颜真卿商讨今后的战略。而颜真卿把唐王朝授予的河北招讨使的头衔，让给了贺兰进明，于是军权也逐渐转移到了贺兰的手中。对于此事，后人有如下的批评："让，美德也，然当审其是非。……颜真卿归功于贺兰进明，君子以为非。"（《困学纪闻》卷一二《考史》）当时或许也有相同的批评，但颜真卿对此毫不介意。另外，身在安禄山老巢范阳的将军刘正臣，对真卿的抵抗运动表示了支持，于是真卿派遣部下贾载等人作为使者，让他们通过海路运送粮食及其他物资给刘正臣。而为了表示自己的诚意，颜真卿不顾周围人的强烈反对，让自己十岁左右的儿子颜颇，作为人质与贾载同行。

此时的河北又是怎样的情况？朝廷处死封常清和高

仙芝之后，命令哥舒翰担任官军的总指挥。哥舒翰，原本是杨国忠为了对抗安禄山而结为同盟的将军，除任陇右节度使外，还兼领河西节度使。陇右节度使以鄯州（州治湟水，今青海乐都）为镇所，其任务是防备藏族吐蕃的入侵，而河西节度使的镇所则在凉州（州治姑臧，今甘肃武威）。跟父亲是胡族，母亲是突厥族的安禄山正好相反，哥舒翰的父亲是突厥族，母亲是胡族。仅从这点来看，哥舒翰也算是与安禄山旗鼓相当的对手。哥舒翰于天宝十四载（755）二月入朝，途中因为中风发作，滞留于长安。尽管哥舒翰坚决辞退官军总指挥这一重任，但朝廷不许，只得率领二十万大军守卫潼关。但是他的病情并无好转，官军的士气也是毫无起色。不仅如此，哥舒翰身边，还有人如此怂恿："禄山阻兵，以诛杨国忠为名，公若留兵三万守关，悉以精锐回诛国忠，公以为何如？"哥舒翰也许是动了心，但还没等行动，就有人把此事报告与杨国忠。杨国忠十分害怕，立刻命令哥舒翰出关进军。哥舒翰在灵宝（今河南灵宝）以西的平原，与安禄山军对峙，但不过数日便兵败，被敌军押往洛阳。这是发生在天宝十五载（756）六月庚寅（八日）的事情。

危机逼近首都长安。哥舒翰兵败后不过五日，六月乙未（十三日）未明，玄宗离开长安，逃往蜀之成都，同行者有杨贵妃及其姊妹，皇太子及数位皇子皇孙，以及杨国忠和其他侧近。当一行人到达马嵬驿（今陕西兴平）

时,扈从的士兵们反抗精神高涨,杨国忠被将士杀害,而杨贵妃也被缢杀。这一历史上有名的悲剧,至今被人们所熟知。

其后,玄宗向西南方向逃亡,最后顺利抵达成都,而皇太子李亨则告别玄宗,朝着西北灵武进发。七月甲子(十二日),李亨在灵武即位,并改天宝十五载为至德元载,是为肃宗,而玄宗则退居上皇之位。

离开平原

在河北坚持抵抗的颜真卿,一有机会便向朝廷报告当地情况。而双方的通信,则依靠蜡丸这种手段。所谓蜡丸,即是将蜡揉成圆团,把书信藏于其中。从平原寄出的蜡丸可以送达极其遥远的灵武,反之亦同。平原距离长安,有1982里,约合1110公里,而长安距离灵武,则有1250里,约合700公里。[①]虽然不知道当时具体走的是哪条路径,但这一距离确实远得惊人。无论如何,借助蜡丸的通信,颜真卿得知了肃宗于灵武即位的消息。颜真卿以《皇帝即位贺上皇表》为题的上表文,流传到了今日:

> 臣某言:六月二十七日,伏承贼陷潼关,驾(天

---

① 译者注:唐朝1里的长度与今日不同,约为0.56公里。

子玄宗）幸蜀郡。李光弼、郭子仪等正围博陵郡，收兵入土门。王师（官军）既还，百姓震恐，忧惶危惧，若无所归。

李光弼是河东节度使，郭子仪是朔方节度使，二人协力开展对河北地区的军事行动，包围了逃到博陵（郡治卢奴，今河北定州）的史思明，很快就要攻破敌城。然而正当此时，碰巧潼关失守，关中面临危机，无奈之下，二人不得不鸣金收兵，从土门（即太行山脉的井陉关）折回。

臣不胜悲愤之深，遂遣脚力人（信使）张云子间道上表，犹恐不达，又差招讨判官·信都郡武邑县（今河北武邑）主簿李铣相继行。铣及云子前后并到灵武郡，奉皇帝七月十二日敕。伏承陛下命皇太子践祚（即位）改元，皇帝上陛下尊号曰上皇天帝，臣及官吏、僧道（僧侣和道士）、耆寿（老人）、百姓等蹈舞抃跃。

此处的"皇帝"指肃宗，"陛下"指玄宗。

其张云子回，皇帝授臣工部尚书·兼御史大夫；其李铣回，又授臣银青光禄大夫。顾以庸微（凡庸之身），频叨宠命，道路隔绝，辞让无由，进退失图

第三章

（无可奈何），伏增惶惧。

尽管朝廷赐予了颜真卿工部尚书兼御史大夫这一官职，以及银青光禄大夫这一位阶，但实际上毫无意义，于事无补。这不仅是说，朝廷授予的官职、位阶是徒有虚名的恩赏，而且河北的战局也逐渐倒向了不利的一边，之前的努力也白白落空。在史思明的进攻之下，饶阳、河间、景城（郡治清池，今河北沧州）、乐安（郡治厌次，今山东惠民）接连陷落，唯有平原以及博平、清河等三郡得以勉强维持，但被敌人攻破，也只是时间的问题而已。"食尽援绝"——即兵粮耗尽，援军无望。如此情况下，颜真卿决定离开平原之地，他是这样告知部下的："贼锐甚，不可抗。若委命（投降）辱国，非计也，不如径赴行在。朝廷若诛败军罪，吾死不恨。"行在，即天子行幸之处，这里指的是肃宗的流亡政府所在地灵武。部下们也赞同真卿的意见，至德元载（756）十月，颜真卿离开了平原。

《资治通鉴》在叙述完上述事件之后，紧接着又有如下记录。在真卿离开平原的前后，饶阳沦陷，与史思明军奋死而战的将军张兴，最终被敌人所俘获。史思明劝诱他说："将军真壮士，能与我共富贵乎？"张兴回答道："兴，唐之忠臣，固无降理。今数刻之人耳，愿一言而死。""试言之。""主上待禄山，恩如父子，群臣莫及。不知报德，乃兴兵指阙，涂炭生人（民）。大丈夫不能剪除凶逆，乃北面为之臣乎！仆有短策，足下能听之乎？足下所以从贼，求富贵耳，譬如燕巢于幕，岂能久安！何如乘间取贼，转祸为福，长享富贵，不亦美乎！"史思明大怒，命人将张兴绑在树上，用锯子斩杀之，而张兴到死也没停止对贼军的痛骂。

在上述《资治通鉴》的记录之后，胡三省附有以下按语："如史所云，则河北二十四郡，惟张兴可以言义士耳。"这条按语中，似乎含有胡三省的微意。安禄山叛乱之初，慨叹"（河北）二十四郡，曾无一人义士邪"的玄宗，见到平原太守颜真卿所派使者来到长安，甚为惊喜，此事已见于前述。然而，现如今颜真卿却选择了放弃平原。如果河北二十四郡中，称得上义士的只有张兴一人，那么是不是颜真卿也不能称作义士？而胡三省的按语，是不是也包含有批评颜真卿的微意？作为二十世纪中国史学界代表学者之一的陈垣，其《通鉴胡注表微》可谓名著。该书对胡三省作为南宋遗民的抑郁心境有着深入解读，并且，抗日战争时期，陈垣一直生活在被日本占领的北京，借由胡三省，该书还抒发了陈垣自己身处沦陷区的苦闷之心。然而，尽管陈垣在其书《臣节篇》中提到了上述记叙张兴事迹的文字，但对于颜真卿则未有言及。此处按语，究竟是否含有胡三省的微意？还是说这样的解读，有点求之过深了呢？

奔赴行在

颜真卿《让宪部尚书表》是一篇上表文,朝廷授予其宪部尚书一职,真卿依照惯例,权示辞让,故作此文。虽然是循例而作的上表文,但关于真卿无奈离开平原之事及其苦涩心情,以及他从平原到灵武间的行踪,均有详细的叙述,是一篇颇为重要且饶有趣味的文章。现摘录其要点如下:

> 属逆贼安禄山背叛圣恩,扰犯河洛(黄河和洛水流域),臣堂兄杲卿以常山太守,首开土门,臣与河北诸郡因之,固守人臣本分……又令李光弼、郭子仪、贺兰进明等与臣计会(商议),同讨凶逆。三数月间,河北向定,属潼关失守,大驾(玄宗)西巡,光弼等却入土门,诸郡危逼……
>
> 臣常使判官巨鹿郡南和县丞贾载、侄男永王府典军广成,及行官邓昌珍、杨神功、裴法成等十余人,将彩物(财物)绢帛相继渡海,与刘正臣计会,共和三蕃。

如前所述,真卿派遣使者,欲与范阳的将军刘正臣结为同盟,而使者一行,不仅有真卿的独子颜颇,侄子颜广成也在其中。奚族和契丹族被称为"两番",见于《旧唐书·北狄传》的记述,而"三番"则应是"两番"再加上某一外族。奚与契丹正是安禄山连年征伐的少数民族,此事已见前述,因而颜真卿等人谋划增进双方的友好关系,以拉拢安禄山的敌对势力。然而可惜的是:

> 正臣等克期南来,行已有日(刘正臣已定好了由范阳南赴平原的日期,即将出发),属逆贼史思明、尹子奇等,乘其未至,悉力急攻,诸郡无援,相次陷没。

面对如此失策的情形,自己本应"死守孤城",但颜真卿认为"归罪阙庭,愈于受擒贼手"——被朝廷问罪,总比被贼军俘虏为好,因而下定决心"俛俯偷生过河"——强迫自己忍辱偷生,离开平原,南渡黄河。不过,离开之前,还有不少事情有待处理:

> 缘刘正臣使杨神功将牒与臣,索兵马及盘瓶、锦帐,令应接奚、契丹等。不与其勾当,伏恐陛下贻忧。

派遣至刘正臣处的使者杨神功,带回了刘正臣的文书。文书中,刘正臣请求士兵、军马,以及盘子、水瓶、锦帐等物资,以支援奚和契丹等少数民族。颜真卿担心,如果不好好处理,此事会成为未来的祸端,给陛下添忧。

第三章

不仅如此：

> 又恩敕先超授吴郡司士郑毓乐安郡太守，令于江淮南两道度僧道取钱，与臣召募士马，令应接河北。臣由此未获即赴行在，遂至广陵、丹阳等郡，各与采访使计会，竟不得兵马。

朝廷还交给了颜真卿这样一个任务。由于朝廷敕命，吴郡（郡治吴县，今江苏苏州）属官郑毓，被特别授予了乐安郡（乃河北一郡）太守的头衔，朝廷命令颜真卿与郑毓一同，在长江以南的江南道以及淮河以南的淮南道，向想当和尚、道士的人，征收出家认证费用，用这些钱，来招兵买马，援助河北。当时，由于安禄山之乱，国库亏空，为了弥补不足，朝廷向想出家当和尚、道士的人，征收被称为"香水钱"的费用。据说这一办法，是杨国忠在河东郡（郡治蒲坂，今山西永济）最先施行，后来被逐渐推广到全国各地。正因如此，颜真卿并未直接奔赴行在，而是南下广陵郡、丹阳郡，即今天江苏省的扬州市与南京市，然而征收"香水钱"一事却并不顺利。因而，颜真卿最终决定向西北出发，奔赴行在，在抵达武当郡（郡治武当，今湖北丹江口）时，收到了宪部尚书的任命。宪部尚书，相当于日本的法务大臣，原名刑部尚书，天宝年间改为此名。

《让宪部尚书表》的内容梗概，大体如上。尽管上表中并未提及，但真卿从江南前往武当郡的路途却绝非太平。据《旧唐书》卷一一四及《新唐书》卷一四七所收《鲁炅传》的记载，真卿到达襄阳（今湖北襄阳）之时，守卫襄阳北面南阳（今河南南阳）的山南东道节度使鲁炅，已被敌军围困了一年之久。由于粮食耗尽，一只老鼠竟可卖至百钱，而城中之人亦相继饿死。南阳是要冲之地，贼军企图夺取南阳，将势力扩大到汉水、长江流域。值得一提的是，鲁炅与颜真卿并非素不相识。之所以这么说，是因为天宝七载（748），真卿曾作为监察御史·河西陇右军试覆屯兵使，到访陇右节度使哥舒翰所在的鄯州，而鲁炅即是哥舒翰的部下。在当时的宴会上，颜真卿问道："后生可畏，得无人乎？"哥舒翰即指着待命于阶下的鲁炅说："此人后当为节度使矣。"八年后，鲁炅果真成了山南东道节度使，并在南阳抵御安禄山军的进攻。其时，唐王朝派遣至此的宦官将军曹日升，为了营救鲁炅，欲以单骑突破敌军包围，进入南阳城内，但这一计划被襄阳太守魏仲犀所反对。颜真卿向魏仲犀说道："曹将军不顾万死以致帝命，何为沮之！借使不达，不过亡一使者，达，则一城之心固矣。"于是，曹日升仅凭骑兵十人，便成功进入了南阳城，而鲁炅亦最终得以逃脱至襄阳。

| 第四章 |

缓过气来的唐王朝

重返长安

离开平原郡后半年,至德二载(757)四月,颜真卿终于抵达凤翔(今陕西凤翔),并且得以谒见肃宗。逃离长安,在灵武即位的肃宗,以重返长安为目标,逐步南下,经顺化(今甘肃庆阳)、彭原(今甘肃西峰)、保定(今甘肃泾川),最终于二月戊子(十日),将行在移动到了凤翔。

而陷入濒死状态的唐王朝,也渐渐缓过气来。郭子仪、李光弼率领步兵、骑兵共五万人,由河北转战而归,而肃宗政权倚仗的正是这支军队。《旧唐书·郭子仪传》(卷一二〇)是如此记载的:"及子仪、光弼全师赴行在,军声遂振,兴复之势,民有望焉。"而且,肃宗政权还寄望于回纥即维吾尔族等周边少数民族的援军。而另一边,僭称大燕王朝的洛阳安禄山政权,尽管占领了长安,但势力范围，不过南至武关（今陕西丹凤），北至云阳（今陕西淳化），西至武功（今陕西武功）而已。

不仅如此，至德二载（757）正月，安禄山结束了其短暂的一生。当时，几乎失去视力，而且还无法控制自己情绪的安禄山，暴行日益渐长，变得让身边的人无法忍受。某天晚上，儿子安庆绪闯入了父亲的寝室。察觉到异样的安禄山，想要拿平日放在床边以防不测的长刀，却被对方一击而中，绕成一团的肠子由胖乎乎的肚子里散乱流出，就此毙命，时年五十五岁。《平家物语》开头的一段，对于日本人来说耳熟能详："祇园精舍钟声响，诉说世事本无常。沙罗双树花失色，盛者必衰若沧桑。"而紧接其后的是："骄奢主人不长久，好似春夜梦一场。强梁霸道终殄灭，恰如风前尘土扬。远察异国史实，秦之赵高，汉之王莽，唐之安禄山，都因不守先王法度，穷极奢华，不听诤谏，不悟天下将乱的征兆，不恤民间的疾苦，所以不久就灭亡了。"[①]《平家物语》所列的异国反叛者中，正有安禄山之名。虽然安禄山确实是"不久就灭亡了"，然而并非万事就此告终，因为安庆绪取代安禄山登上了大燕王朝的帝位，不过安庆绪只是个沉湎酒色的无能之人。

---

① 译者注：此处《平家物语》中译，参照周启明、申非译《平家物语》，人民文学出版社，1984。

·第四章·

　　以凤翔为行在的肃宗朝廷，在宪部尚书之外，又加授真卿御史大夫，让他兼任负责官员监察弹劾的御史台的长官。颜真卿十分适合这个职务，他依然是本色不改，将其刚正一面尽显无遗。譬如，中书舍人·兼吏部侍郎崔漪醉酒上朝，谏议大夫李何忌侍立皇帝时威仪不整，颜真卿对两人均加以弹劾，崔漪被降级，李何忌被左迁至地方，均遭到了处罚。顺带一提的是，崔漪似乎非常好酒，杜甫《所思》一诗有云"苦忆荆州醉司马，谪官樽俎定常开"，"醉司马"句下自注曰"崔吏部漪"。从此诗来看，曾为吏部侍郎的崔漪，似乎左迁至了荆州司马一职，但即使是在被贬之地，他仍是每日宴饮不绝。

　　而在凤翔，颜真卿与杜甫的轨迹，发生了在二人生涯之中仅有一次的交锋。在安禄山军占领长安之后，杜甫一直遭到拘禁。但据其以"至德二载，甫自京金光门出，间道归凤翔……"为题的五言诗，可知杜甫躲过了看守的监视，成功逃离长安，并恰好与真卿相同，于至德二载（757）四月抵达凤翔。杜甫被朝廷授予左拾遗一职，左拾遗是门下省的下级官僚，乃为天子之政拾遗补阙的谏官，故名为"拾遗"。就任左拾遗不久，杜甫为了被罢免宰相一职的房琯，上表辩白。杜甫与房琯原是从小的相识，不知是不是这个缘故，杜甫的上表因"辞旨迂诞"（主旨荒谬）而被驳回。而负责审理此事的，正是颜真卿（《旧唐书》卷九二《韦安石传》）。尽管杜甫最后并未被追责，但这成为了他一生难以释怀的经历，回味起来着实令人不快。

至德二载（757）九月丁亥（十二日），肃宗的长子广平王李俶，亦即后来的代宗，作为天下兵马元帅，由凤翔出发，欲夺回长安。元帅虽为李俶，但实际的总指挥官则是副元帅郭子仪。朔方军及回纥军等部，合共有十五万人，对外则宣称有二十万人的军力。朔方军，即朔方节度使郭子仪属下的部队。不过，在出征仪式上却发生了这样的事情。广平王先向肃宗所在的皇宫致敬，然后步行走出木马门，方才乘马。但部下管崇嗣，竟在广平王乘马之前，先上了马。负责监督此事的颜真卿，上奏管崇嗣失礼，肃宗如此批复："朕儿子每出，谆谆教诫之，故不敢失礼。崇嗣老将，有足疾，姑欲优容之（暂且宽大处理）。"这样的裁决可谓稳妥。

九月癸卯（二十八日），郭子仪军成功夺回长安，翌日甲辰（二十九日），这一捷报送达凤翔。进而十月壬戌（十八日），洛阳也被收复。官军之所以能在短时间内挽回颓势，用颜真卿的话来说，是因为回纥、奚、霫、契丹、大食、盾蛮（板盾蛮）等外族军队，以及朔方、河东、平卢、河西、陇右、安西、黔中、岭南、河南等节度使麾下之师的功劳（《天下放生池碑》）。并且，贼军内部也开始发生分裂。被安庆绪新任命为范阳节度使的史思明，逐渐变得骄横，两人间的对立越来越深。就这样，肃宗十月癸亥（十九日）由凤翔出发，在四日后的丁卯（二十三日）成功重返长安。自前年六月以来，唐朝皇室离开长安已有十六个月之久。至十二月，上皇玄宗也从蜀地重返长安。

《祭侄文稿》与《祭伯文稿》

在重返长安之前，肃宗派遣使者将此事报告宗庙，而进献宗庙的文章中却使用了"嗣皇帝"一词。颜真卿向礼仪使崔器指正道："上皇在蜀，可乎？"崔器立即改用他词。这是因为"嗣皇帝"是父皇驾崩后才用的词。另外，由于祭祀唐王朝先祖的太庙遭到了敌军的无情破坏，因而真卿上奏道："春秋时，新宫（先君宣公之庙）灾，鲁成公三日哭。今太庙既为盗毁，请筑坛于野，皇帝东向哭，然后遣使。"然而这一上奏并未被采纳。

伴随肃宗，颜真卿自然也从凤翔回到了长安。对于真卿而言，阔别长安已四年半有余。而更令其欣喜的，是与兄允南、弟允臧的重逢。此前随从上皇去了蜀地的颜允南，就任吏部尚书的属官司封郎中，而作为郭子仪部下的颜允臧，则就任殿中侍御史，与真卿同属于御史台。在允南、允臧死后，真卿分别为二人撰写神道碑。在允南的神道碑中，颜真卿这样写道："（兄长允南）从肃宗入西京（长安），迁司封（郎中），真卿以（宪部）尚书兼（御史）大夫，弟允臧又为殿中（侍御史）。兄弟三人，同时台省（中央政府），当代无比，时人钦羡焉。"而在允臧的神道碑中，则记录了如下之事。允臧升任殿中侍御史时，真卿特为上表，以示感谢，肃宗批答道："卿昆季（兄弟）连擢，才声（才能及名声）并振……委以宪台之长，克申白简之威。厥弟之迁，亦为官择，宜相劝勉，各树能名。"宪台之长，指真卿所任御史大夫一职；白简，即御史大夫所作的弹劾官员的奏章。

然而真卿在长安的生活并未持续很久，便被调任地方。《旧唐书》云"为宰相所忌"，《新唐书》云"宰相厌其言"，似乎凡事直言不讳的颜真卿，被旁人视作麻烦，敬而远之。至德二载十一月，颜真卿出任冯翊（郡治冯翊，今陕西大荔）太守，同年十二月，郡太守改称州刺史。以此为开端，次年至德改元为乾元，即乾元元年（758），其年三月，真卿改任蒲州（州治河东，今山西永济）刺史；十月，改任饶州（州治鄱阳，今江西鄱阳）刺史；翌年乾元二年（759）六月，改任升州（州治江宁，今江苏南京）刺史。尽管处于人事调动接二连三的慌乱之中，但真卿在此期间所作的珍贵的书法草稿，却有几封流传到了后世。

其一，是为侄子季明所作的《祭侄文稿》。季明，即杲卿的末子颜季明，《祭侄文稿》是为了祭奠季明之灵而作的祭文草稿。作为颜真卿担任蒲州刺史之时的作品，《祭侄文稿》的真迹现藏于台北故宫博物院，其书

· 第四章 ·

写缘由如下。杲卿的长子泉明，即季明之兄颜泉明，过去与父亲一同生活在河北之地。其后泉明在史思明军中度过了一段俘虏生涯，至德二载十二月，因史思明暂时归顺于唐朝，泉明被释放回朝。真卿让泉明再次前往河北，探寻流落当地的亲属消息，而泉明也尽力寻找，用钱赎买那些落入他人之手，为奴为婢的人。最终，除亲属之外，连同杲卿部下的妻子、奴婢，泉明合共寻得三百余人而归。然而，其中却没有季明的身影。当杲卿死守的常山城市将要陷落之时，城下的贼军，用刀抵着季明的脖子，威胁杲卿说"降我，当活而（尔）子"，而杲卿则没有理睬。关于这位本该有着美好前程的青年季明，署款乾元元年九月三日的《祭侄文稿》，如下写道：

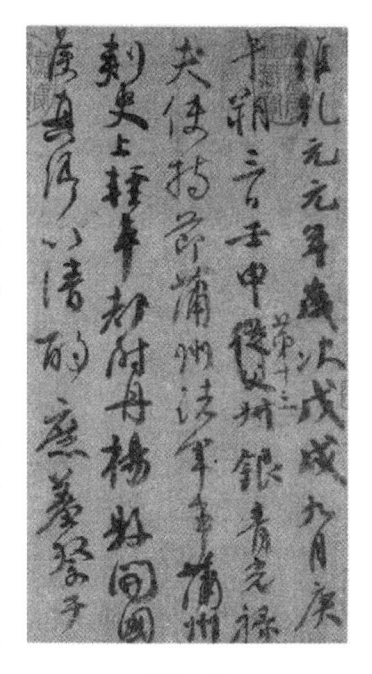

祭侄文稿

　　何图逆贼间衅，称兵犯顺。尔父竭诚，常山作郡。余时受命，亦在平原。仁兄爱我，俾尔传言。尔

> 既归止,爰开土门。土门既开,凶威大蹙。贼臣不
> 救,孤城围逼。父陷子死,巢倾卵覆。

"尔",指季明;"仁兄",指杲卿。身处常山的杲卿,派遣季明作为信使,让其前往平原颜真卿之处。而当季明返回时,杲卿攻击守卫土门(即井陉关)的贼军,使贼军对我方威胁大为减弱。然而"贼臣",即已答应协助杲卿的太原尹·河东节度使王承业,却未应杲卿的邀请派出援军,使得常山最终陷落。

> 吾承天泽,移牧河关(蒲州)。泉明比者,再陷
> 常山,携尔首榇,及兹同还。抚念摧切,震悼心颜。

此次泉明带回的是季明的"首榇",即仅装着季明头部的棺柩。而颜真卿唯一能做的,便是在季明灵前献上祭文。

泉明还前往洛阳,寻找父亲杲卿的遗体,并找到了实际参与杀害父亲的男子。据该名男子所言,当其杀害杲卿之时,斩断杲卿一足之后,便将杲卿的尸首与同时被害的袁履谦埋葬在了一起。颜泉明把坟土重新挖开,果然里面有两具尸首,其中一具的一足被斩。泉明赶紧将两具遗体分别纳入棺榇,由洛阳带回。当时,颜真卿在杲卿灵前也应献有祭文,但其文字不传。不过,在真卿为杲卿所撰的

第四章

神道碑中,真卿则记录了这样一件不可思议的事。

杲卿被杀害时,有名为张凑者,暗中将杲卿的毛发带到了玄宗身边。当天夜晚,玄宗梦见杲卿说"御捍处多,兵马少",即需要防卫的地方太多,寡不敌众,兵马不足。玄宗痛哭,郑重地为杲卿举行了祭祀。而张凑还把其毛发带到了杲卿夫人之处。夫人正半信半疑地扶着灵床痛哭,忽然,伴随着如同鞭打灵床的声响,杲卿的毛发从收纳盒中跳了出来。这件事便是如此令人不可思议。

《祭侄文稿》之外,真卿流传至今的草稿,还有《祭伯父豪州刺史文》,略称为《祭伯文稿》。署款乾元元年十月二十一日的《祭伯文稿》,是真卿由蒲州刺史移任饶州刺史之时,途经洛阳,敬献于伯父元孙墓前的祭文。元孙是杲卿父亲,其事迹在本书第一章已有提及。而在《祭伯文稿》中,颜真卿首先叙述的也是杲卿的节义之行:

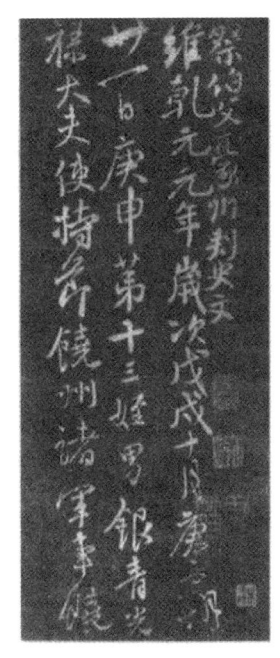

祭伯文稿

日者,羯胡禄山,傲扰河洛,生灵涂炭,兵甲靡夷（百姓困苦，军队士气消沉）。二兄杲卿任常山郡太守，忠义愤发，首开土门，擒斩逆竖（贼军），挫其凶愿（凶恶）。

然而"城孤援绝，身陷贼庭"，杲卿最终命丧黄泉。不过，所幸至于肃宗之世，杲卿被褒赠太子太保之官，而且"甥侄八人，季明、卢逖等被贼害者"，亦获赠五品京官。对于遭遇不幸的颜氏一族及其姻亲，朝廷给予了死后赠官这一照顾，以示荣誉。并且，作为俘虏被拘禁的"嫂及儿女"，也得以从沦陷区重返长安。而曾经作为平原太守，与杲卿"同心协德，亦著微诚"的颜真卿自身，也承蒙玄宗、肃宗二圣怜悯，祖父昭甫获赠华州刺史之官，并且"兄弟儿侄尽蒙国恩"。一门之中，生者也好，死者也好，均得到了朝廷的"哀荣（生前死后的荣宠）"。《祭伯文稿》便是如此，向逝于开元二十年（732）的伯父元孙之灵，报告了上述之事。

《争座位帖》

由饶州刺史移任至以今江苏南京为州治的升州刺史之后，从乾元二年（759）六月至乾元三年（760）二月，真卿在升州刺史任上仅有半年的时间。在负责民政的升州刺史之外，真卿还兼领浙西节度使兼江宁军使这一军政

· 第四章 ·

长官的头衔。真卿察觉到宋州（州治睢阳，①今河南商丘南部）刺史刘展的异常动向，"当缮修甲兵（盔甲及武器），抚循将士，观察要害，以备不虞"（《谢浙西节度使表》），认为需要预先加强防备，以防不测。这一判断，或许是源于他过去在平原太守一职上的经验。然而，军事指挥体系中的上司，都统李峘，却指责真卿是在无事生非，并将他调任刑部尚书，召回长安。其后，刘展果然举兵作乱，扬州（今江苏扬州）、润州（今江苏镇江）、升州相继陷落，真卿的担忧最终成真。

乾元三年闰四月，改元上元。同年八月，把持朝政的宦官李辅国，将上皇由南内（兴庆宫）迁至西内（太极宫）甘露殿。李辅国是主导肃宗于灵武即位的宦官，原名静忠，因忠勤而被肃宗赏识，赐名"护国"，后又赐"辅国"一名，寓意其能辅佐国政。对于上皇即玄宗而言，他对兴庆宫有着很深的感情，兴庆宫是他作为皇子时的邸宅，即位后又加以扩建修缮，成为了专门处理政务的场所，因而玄宗由蜀地重返长安之后，依旧将兴庆宫作为起居之所。长庆楼在兴庆宫南的大路一侧，上皇时不时会驾临于此。每当上皇现身长庆楼时，过往民众，特别是上了年纪的老人，均遥拜上皇，欢呼万岁。李辅国向肃宗进

---

① 译者注：睢阳，隋开皇十八（598）年改称宋城，唐沿之。因而严谨来说，此处应改为"州治宋城"。

言:"上皇日与外人交通(接触),上皇固无此意,其如群小(身边的侍从)何!"肃宗素来尊敬上皇,因而内心并未因此产生丝毫疑虑,然而李辅国却趁着肃宗卧病之时,强行将上皇移至西内。刑部尚书颜真卿,作为百官的代表,向移至西内的上皇敬献表文,祈愿起居无事。而此事却触怒了李辅国。而且更糟糕的是,真卿还和御史中丞敬羽发生了冲突,而敬羽正是见于《酷吏传》的阴险之人。因此,颜真卿又被调出长安,转任蓬州(州治大寅,今四川仪陇)长史。长史是刺史的属官。

宝应元年(762)四月甲寅(五日),上皇驾崩;丁卯(十八日),肃宗驾崩,代宗即位。而颜真卿则由蓬州长史转任利州(州治绵谷,今四川广元)刺史。但适逢羌族军队包围州城,真卿无法入城,只得返回长安。以财政官僚而闻名的刘晏,将户部侍郎之官让与真卿,故真卿暂就此职。

也正是此时,安史之乱,即以玄宗天宝十四载(755)安禄山举兵为发端,继之以史思明为首的叛乱,终于告一段落。如前所述,取代安禄山,将范阳作为大本营的史思明,曾一度向唐王朝表示归顺之意,因此,颜泉明方得以营救流落在河北的亲属,以及与父亲杲卿相关的人。其后,史思明再次反唐,自称大燕皇帝,但不久,与安禄山被其子安庆绪所杀一样,史思明也同样死在了其子史朝义的刀下。而据守洛阳的史朝义,被得到回纥援助的

第四章

唐军打败，宝应二年（763）正月，史朝义的首级被送到了长安。姚汝能《安禄山事迹》合共三卷，最后是这样写道："安史二凶羯，相继乱于范阳，安禄山以天宝十四载乙未十一月犯顺，史思明男朝义至宝应元年壬寅十二月为李怀仙所杀，二胡共扰中原凡八年，幽燕始平。"

宝应二年三月，颜真卿任吏部侍郎。七月，改元为广德，同年十月，真卿复改任尚书右丞。而正好在此月，藏族的吐蕃势力进攻京畿之地，代宗逃至陕州（州治陕县，今河南陕州）避难。多亏郭子仪在短时间内驱逐了吐蕃军队，十二月，代宗重返长安。当时，真卿上奏，认为天子应先拜谒先帝陵庙，再返回宫城。然而，宰相元载以其迂腐且不合时宜拒绝了真卿的建议。怒火难抑的颜真卿，直接反驳道："用舍在相公耳，言者何罪？然朝廷之事，岂堪相公再破除耶！"元载因此怀恨在心。

《祭侄文稿》《祭伯文稿》，加上《争座

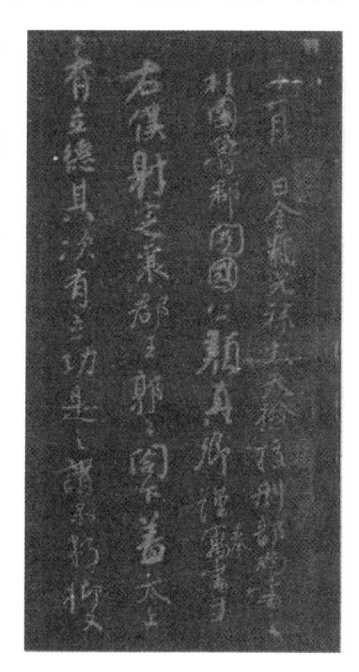

争座位帖

位帖》，这三部草稿合称颜真卿三稿。而正是因为《争座位帖》，令真卿与元载的关系雪上加霜。署款于广德二年（764）十一月的《争座位帖》，是颜真卿寄给尚书右仆射郭英乂的书信，其内容大体如下：日前，平康坊内的菩提寺举行了行香之仪，又为庆祝郭子仪驱逐吐蕃凯旋归来，举行了兴道之会。两次活动均由郭英乂担任总指挥，百官在其指挥下出席观礼。行香之仪，是在天子或皇后的忌日，于佛寺举行的焚香仪式。兴道之会，则内容不详。但不论是行香之仪还是兴道之会，对于郭英乂安排的百官席次，颜真卿均有所不满。颜真卿认为，宰相与中书省、门下省的常参官（即有资格参加朝会者），可以同坐一列，但鱼朝恩、郭英乂率领各军将军同坐一列，则是违反"朝廷纪纲"。这是因为鱼朝恩被授予的开府仪同三司，只是作为荣誉称号的从一品的位阶，实际官职则是相当于三品的监门将军，故不得与尚书仆射同列。

作为监门将军的鱼朝恩，同时还兼领观军容使这一使职，即军队的总监督官，可以说是有着巨大权势的宦官。郭英乂之所以不惜违反"朝廷纪纲"，给予鱼朝恩特殊待遇，恐怕也是忌惮于他的权势。而郭英乂同样也通过讨好元载来巩固自己的地位。清王昶《金石萃编》卷九三收录有《争座位帖》，王昶按语如下："传（《新唐书》卷一三三）称郭英乂阴事宰相元载，以久其权，而真卿又不为元载所容，论事坐以诽谤，不久即有硖州别驾之贬。然则英乂得此书,其以真卿之言为是与否,史无明文,皆不可知,而既为阴事元载之人,则真卿之被贬,未始非英乂阴为之潜已。"

最终导致真卿与元载关系决裂,左迁硖州(州治夷陵,今湖北宜昌)别驾,贬为地方官的导火索,正是见于王昶按语中的真卿"论事"(上疏)。关于其事,有如下背景。

元载只提拔那些对自己俯首听命的人,结成私党,来巩固自己的地位,因而对他来说,那些反对自己的意见必须要加以封杀。因此,他奏请朝廷,认为百官陈述意见时应先向所属的长官报告,然后长官向宰相报告,最后由宰相向皇帝呈上。同时,他又以"上旨"(天子之意)之名,向各部门传达了以下通告:"比日诸司奏事烦多,所言多谗毁,故委长官、宰相先定其可否。"颜真卿自然不能容忍这样的提议,上疏表示坚决反对,其内容如下:

> 郎官(尚书省的行政官)、御史(御史台的检察官),陛下之耳目。今使论事者先白宰相,是自掩其耳目也。陛下患群臣之为谗,何不察其言之虚实?若所言果虚宜诛之,果实宜赏之。不务为此,而使天下谓陛下厌听览之烦,托此为辞以塞谏争之路,臣窃为陛下惜之。
>
> 太宗著《门司式》云:"其无门籍人,有急奏

者，皆令门司与仗家引奏，无得关碍（即使是没有宫城通行证的人，如有急事上奏，则令城门警卫官及当值士兵为其引见奏上，不得妨碍）。"天宝以后，李林甫为相，深疾言者，道路以目，上意不下逮，下情不上达，蒙蔽喑呜（耳目闭塞），卒成（玄宗）幸蜀之祸。陵夷至于今日，其所从来者渐矣。

夫人主大开不讳之路，群臣犹莫敢尽言，况令宰相大臣裁而抑之，则陛下所闻见者不过三数人耳。天下之士从此钳口结舌，陛下见无复言者，以为天下无事可论，是林甫复起于今日也。昔林甫虽擅权，群臣有不咨宰相辄奏事者，则托以他事阴中伤之，犹不敢明令百司奏事皆先白宰相也。陛下傥不早寤，渐成孤立，后虽悔之，亦无及矣。

这封上疏会招致怎样的结果，颜真卿自身必然是非常清楚的。等待他的，是再次被逐出中央，贬谪地方。永泰二年（766），颜真卿被贬为硖州别驾，随后又任吉州（州治庐陵，今江西吉安）司马、抚州（州治临川，今江西临川）刺史、湖州（州治乌程，今浙江湖州）刺史，辗转于各地。

真卿的《守政帖》中，有如下之言："政可守，不可不守。吾去岁中，言事得罪，又不能逆道苟时，为千古罪人也。虽贬居远方，终身不耻。绪汝等当须谓吾之志，不可不守也。"南宋洪迈在其《容斋四笔》中曾提及《守政帖》，论之云："此是独赴谪地，而与其子孙者，无由考其岁月。千载之下，使人读之，尚可畏而仰也。"洪迈说"无由考其岁月"，不知此帖作于何时，但与洪迈同时的南宋留元刚在其作品《颜鲁公年谱》中，则将《守政帖》系于大历二年（767），即真卿被贬为硖州别驾的永泰二年的次年。留元刚的这一系年，应该是正确的。

| 第五章 |

抚州刺史时期

《麻姑山仙坛记》

颜真卿担任抚州刺史,是从代宗大历三年(768)至六年(771),而担任湖州刺史,则是从大历七年(772)至十二年(777);两任刺史,从六十岁到六十九岁,合共有十年时间。不论是抚州刺史还是湖州刺史,均不是真卿自己所企望的官职,赴任也是迫不得已,但对于真卿来说,这十年的岁月,在某种意义上却是幸福的。他不仅远离了长安那错综复杂的政治斗争,而且在温暖如春、风景优美的江南之地,充分享受到了文人雅士的生活。据《新唐书·地理志》记载:抚州户数三万零六百零五,人口十七万六千三百九十四;湖州户数七万三千三百零六,人口四十七万七千六百九十八。根据重要程度以及面积大小,唐代的州分为:辅、雄、望、紧、上、中、下这七个等级。抚州是户数二万五千以上的中州,湖州是户数四万

第五章

以上的上州。

抚州过去被称为临川郡,四世纪东晋时期的王羲之,也曾担任过临川太守。王羲之在临川太守任上写过怎样的书法,今日无从考知,但在抚州刺史任上的颜真卿,则留下了不少与道教有关的文章,即《麻姑山仙坛记》《魏夫人仙坛碑》《华姑仙坛碑》。所谓仙坛,即用以祭祀神仙的道教祭坛。

署款大历六年夏四月的《麻姑山仙坛记》的内容如下:"自麻姑发迹于兹岭,南真(魏夫人)遗坛于龟原,花(华)姑表异于井山。今女道士黎琼仙,年八十而容色益少;曾妙行,梦琼仙而餐花绝粒。"这里所举的均是女仙及女道士的名字。那么,为何抚州的女仙传统,能够至今传承不绝?颜真卿这样写道:"非夫地气殊异,江山炳灵,则曷由纂懿流光,若斯之盛者矣!"在《华姑仙坛碑》中,颜真卿也使用了相同的表述:"昔麻姑得道于名山,南真仙升于龟原,华姑焘于兹岭,

麻姑山仙坛记

琼仙、妙行，接踵而出。非夫天地腾孼，从古以然，则何以仙气氤氲，若斯者矣！"也就是说，抚州天地之间的"气"（能量），格外不同，山川自然，明亮秀丽，因而作为天地的"腾孼"（感应），这里的"仙气"（神仙的能量）也十分旺盛。

麻姑，是东晋葛洪《神仙传》有传的女仙。而《麻姑山仙坛记》也首先引用了《神仙传》有关麻姑的记载，现将其事梗概记述如下：

神仙王方平来到弟子蔡经家中，随即邀请麻姑出席。可不论是蔡经还是其家人，均不知麻姑是何方人等。而随后出现的麻姑，是一位看上去十八九岁的大美女。她跟王方平打完招呼，说道："接侍以来，已见东海三为桑田。向间蓬莱水，又浅于往者，会时略半也，岂将复还为陆陵乎？"王方平笑着说："圣人皆言，海中行复扬尘也。"蓬莱山，是漂浮在东海的三座神山之一，是神仙的居所。目睹"东海三为桑田"，神仙们可以在如此漫长的时间中永远地生存下去。这般无趣的麻姑故事，除上述以外，真卿还从《神仙传》引用了一些文字，这里就此打住，让我们来读一下《麻姑山仙坛记》后面的内容。

于大历三年成为抚州刺史的颜真卿，在翻阅《图经》（附有地图的地方志，《抚州图经》或是《临川图经》）时，发现了以下记载。抚州辖内的南城县（今江西南城）有一山名为麻姑山，其山顶存有古坛，据说是麻姑"得道"(领悟仙道)之地。而其后所述,究竟是基于真卿的实地考察还是出于传闻,尚不清楚:近年,坛东南池塘中的红莲,突然变成了碧绿色,现在又变成了白色。坛边杉松,犹如伞盖,时不时能听见"步虚钟磬之音"。步虚,是道教的宗教音乐;磬,是如同曲尺的石制乐器;这里是说,不知从何处传来了演奏步虚乐的钟、磬的声音。坛的东南,有三百多尺高的瀑布。坛的东北,有一间名为石崇观的道观,其高崖中至今仍能看到螺、蚌的贝壳。这或许就是麻姑所说"沧海桑田"的证据。坛的西北,被称为麻源的地方。谢灵运《入华子岗,是麻源第三谷》这首五言诗,说的恐怕就是这里。谢灵运是五世纪刘宋时期的代表诗人,亦曾担任临川太守。这首五言诗被收入《文选》,李善注正好从谢灵运《山居图》中引用了以下文字:"故老相传,华子期者,禄里弟子,翔集此顶,故华子为称也。"禄里,是秦末汉初商山的四位隐者——"商山四皓"中的甪里先生。据说其弟子华子期,飞来此山,故被称为华子岗。

随后,《麻姑山仙坛记》终于写到与颜真卿时代相近的事情。开元年间,在麻姑山一心修道的道士邓紫阳奉召入长安,在大同殿中为玄宗皇帝举行了道教法事。在道教中,老子被称作太上老君,在道教徒崇拜的神灵中有着中心地位。而唐王朝对于老子的尊崇,始于唐朝的开国皇帝高祖李渊。这是因为,老子姓李,而唐朝皇室也姓李,所以将老子作为皇室的始祖加以尊崇。而在第三代皇帝高宗的乾封元年（666），老子被奉上太上玄元皇帝的尊号。而玄宗在即位不久的开元三年（715），也为老子写了名为《玄元皇帝赞》的祝词。文中写道："爰有上德，生而长年。白发垂相，紫气浮天。含光默默，永劫绵绵。万教之祖，号曰玄元。东训尼父，西化金仙……"尼父，即孔子。孔子向老子求教，即"孔子问礼"之事，见于《史记·老子列传》等文献。而金仙，则是释迦牟尼。出函关，渡流沙，远赴西方的老子，为了教化胡人创立了佛教，这就是所谓"老子化胡说"，很早便在中国流行。如此"训尼父""化金仙"的老子，自然是"万教之祖"。玄宗对老子的尊崇，年年愈盛：开元二十三年（735），玄宗敕令将原本置于《史记》列传首卷的《伯夷列传》，替换为《老子列传》；天宝元年（742），敕令将《汉书·古今人表》中老子的位置，由原本的中上改为上圣。《古今人表》将历史人物分为九个等级，由上上的圣人、上中的仁人、上下的智人，经中上、中中、中下、下上、下中，到下下的愚人。玄宗对老子的尊崇竟到了更改正史的地步（以上见《史记》卷六一《伯夷列传》之《正义》，及《旧唐书·礼仪志四》）。而与此同时，玄宗的道教信仰也逐渐变得狂热，在中国历史上为道教倾家荡产的天子中，玄宗可以说是数一数二。邓紫阳举行道教法事的大同殿，是兴庆宫内的一座殿宇，可以推测那里原是玄宗举行各种道教仪式的地方。正是邓紫阳奉召入官之时，开元十七年（729），蜀地新津县（今四川新津）兴尼寺，佛殿的柱子上忽然浮现出太上老君的神像。这根柱子随后被郑重地送到大同殿中，受人礼拜。

根据《麻姑山仙坛记》的记载，开元二十七年（739），邓紫阳看见老虎驾着的龙车，并有二人持节杖等候在庭中。他向同为道士的朋友竹务猷，留下遗言："此迎我也。可为吾奏，愿欲归葬本山，仍请立庙于坛侧。"这一请求最终被玄宗所准许。并且，天宝五载（746），在麻姑山瀑布举行投龙之仪时，瀑布下的深潭出现了黄龙这一瑞兆。所谓投龙，是一种道教仪式，向水中投送龙形黄金，以取信于水中的神灵。有感于这一瑞兆，玄宗命人增修"仙宇、真仪、侍从、云鹤"，即为庙宇增修祠殿，塑造神明及其侍者的塑像，并加设云彩与白鹤作为装饰。

《麻姑山仙坛记》的最后，以"真卿幸承余烈，敢刻金石而志之"作为结尾，意即：抚州至今仙气氤氲旺盛，我颜真卿有幸担任这一地方长官，故刻石立碑以记录其事。后来，北宋隆兴元年（1163）五月，周必大至麻姑山游玩，据其所言，当时颜真卿的塑像也被供奉在祠堂之中（《归庐陵日记》）。

《魏夫人仙坛碑》

《魏夫人仙坛碑》的主人公魏夫人,是在《真诰》一书中起着重要作用的女仙。南朝齐梁时期的陶弘景(456—536),是道教上清派的宗师,上清派以今天南京东南的茅山为祖庭,故俗称茅山派。以东晋兴宁年间(363—365)为中心,陶弘景将下凡真人的诰授(神仙的启示)汇集在一起,编成《真诰》一书。关于上清派所据上清经典的来历,陶弘景有以下说明:"伏寻上清真经出世之源,始于晋哀帝兴宁二年(364)……魏夫人下降(下凡),授弟子琅邪王(即司马昱,后之东晋简文帝)司徒公舍人杨某,使作隶字写出,以传护军长史许某(句容人,今江苏句容),并第三息(第三子)上计掾某某。""杨某"即杨羲,"许某"即许穆,"某某"即许穆之子许翙。虽然降临到杨羲之处的神仙,并不只魏夫人一人,但简单来说,《真诰》的主题,是魏夫人通过灵媒杨羲来教育许穆、许翙父子,指引其成仙之路。

如同《麻姑山仙坛记》引用《神仙传》一样,《魏夫人仙坛碑》也引用了《魏夫人传》的大段文字。《魏夫人传》虽然传说是仙人范邈所撰,但《隋书·经籍志》则将之著录于史部杂传类,云"《南岳夫人内传》一卷",这也说明魏夫人与麻姑不同,原是一位真实存在的女性。魏夫人名华存,字贤安,生于西晋时期,其父亲魏舒,正史

《晋书》有传。魏华存少女之时,既已对神仙颇为憧憬,服用各种仙药,并修炼道术。"性乐神仙,味真慕道。少服胡麻散、茯苓丸,吐纳气液,摄生夷静。"如果条件允许,她本想终身不婚,但不被父母允许,二十四岁时,不得不嫁给刘乂,育有二子。后来夫君刘乂担任修武(今河南修武)县令,并且两个孩子刘璞和刘遐也已独立,魏夫人即独居于"别寝"(远离正房的寝室)之中,进行百日的斋戒。继而有数位神仙降临,教授她种种知识,魏夫人据之勤加修行,而之后悄悄来访的神仙也络绎不绝。不久,夫君刘乂突然病逝,再加上华北地区逐渐变得骚动不安,因而西晋末年,魏夫人与家人一同搬到了江南。随后,东晋咸和九年(334),魏夫人以八十三岁的年寿,告别人世而升仙,并且在仙界中继续修行,最终取得了"紫虚元君·领上真司命·南岳夫人"这一仙位与称号。

以上是《魏夫人传》的大略。颜真卿在引用完上述内容之后,接着写道:魏夫人此后时常降临茅山,其子刘璞作为使者,"传法(道术)于司徒·琅邪王(司马昱)舍人杨羲、护军长史许穆、穆子玉斧(许翙),并升仙,事具陶弘景《真诰》"。刘璞究竟起到了怎样的作用,由于相关记载不见于今传本《真诰》,这里暂且不论。真卿继续讲述《魏夫人仙坛碑》的制作缘起:"初夫人既渡江,遍游名山,至临川郡,临汝水西,立坛,置精舍院,东百余步造冢圹。又于石井山建立坛场,往来游憩。"从华北南渡到江南的魏夫人，遍历各地的名山，最后来到了临川郡，在流经城东的汝水西岸立坛，修建大概是道观的精舍院，并在往东百余步之地建造冢圹。所谓冢圹，即是坟墓。而井山因有天然石井，故又名石井山，魏夫人又在此建立坛场，一有机会便到此休憩。也就是说，魏夫人的升仙之地应该就在临川，但因为年岁久远，魏夫人的相关遗迹最终归于荒芜，不知所在："岁月深久，榛芜沦翳，虽备载《图经》，而略遗无迹。"然而，女道士黄令微发现了魏夫人的遗迹，又被称为华姑的她，正是《华姑仙坛碑》的主人公。

在细说其事之前，作为题外话，想先记下一件与魏夫人相关的有趣事实。如前所述，魏夫人与夫君刘乂育有刘璞、刘遐二子。《世说新语》汇纂了魏晋时期名士的逸闻遗事，据《品藻篇》刘孝标注所引《刘瑾集叙》，遐子刘畅，即魏夫人之孙，娶王羲之女儿为妻。王羲之的子女，包括王献之在内，共有七男一女。这正如他在寄给某人的书信中所言，"吾有七儿一女，皆同生（同母所生）"，可知王羲之有一独女。1998年，在南京市北郊的象山发现了王氏家族墓。出土的墓志中，一方刻有下述文字："晋振威将军・鄱阳太守・都亭侯，琅耶临沂县都乡南仁里王建之，字荣妣。故夫人南阳涅阳刘氏，字媚子，春秋五十三，太和六年（371）六月戊戌朔十四日辛亥，薨于郡官舍。夫人修武令乂之孙，光禄勋・东昌男璞之长女。

年廿来归，生三男三女……"琅耶（邪）临沂县都乡南仁里，即当时被称为头等名门的琅邪王氏的原籍，今山东临沂。王建之，是王羲之的从兄弟王彭之的长男，其夫人正是刘乂的孙女，刘璞的长女。虽说王羲之是狂热的道教信徒，但将独女嫁给魏夫人之孙刘畅，从兄弟之子又娶了魏夫人的孙女，其家族与魏夫人的密切关系，实在是引人瞩目。不仅如此，谢灵运的母亲刘氏，是魏夫人之孙刘畅与王羲之独女所生，谢灵运也流淌着魏夫人的血脉。因而，魏夫人虽是女仙，但对于当时人来说，却能切身感受到她的存在。

《华姑仙坛碑》

唐代女道士黄令微，发现了女仙魏夫人在临川的遗迹。关于此事，《魏夫人仙坛碑》的后半以及《华姑仙坛碑》均有叙述，而两碑的内容乃至措辞也有不少重复之处。在《华姑仙坛碑》的开头，颜真卿这样写道：

> 华姑者，姓黄氏，讳令微，抚州临川人也。少乃好道（道术），丰神卓异，天然（天生）绝粒。年十二，度为天宝观女道士。年八十，发白面红，如处子状，时人谓之华姑。蹀屦而行，奔马不及。

绝粒，即被称为"绝谷"或"辟谷"的道术。古人认为，食用谷物不仅会令血液变得浑浊，而且体内的"三尸"恶鬼也以谷物之精作为养分，因此要辟谷不食。辟谷的渊源颇为古老。湖南长沙的马王堆汉墓，因为两千多年前贵妇古尸的出土而震惊世界。而当时一同出土的，还有《却谷食气篇》这部关于辟谷的书籍。所谓"却谷食气"，即屏却谷物服食空气之意。

以下参照《魏夫人仙坛碑》和《华姑仙坛碑》的内容，将黄令微之事记录于后。

黄令微得知魏夫人仙坛位于临川南郊，即于草木深处结庐，以便探索，然而却最终一无所获。因此，武周长寿二年（693）十月，黄令微前往洪州（今江西南昌）西山拜访道士胡天师。胡天师是名为胡超的道士，不过当时以胡惠超之名而为世人所知。胡天师仿佛通晓透视术，遥指着临川城南六里，华姑结庵之处往南两百步处，如此说道："乌龟原，中有石龟，每蹂践田苗，百姓患之，乃击断其首，即其处也。"① 翌日，二人一同登山眺望，见西边有一小池。胡天师问华姑："池中有所见乎？"华姑答曰"无"。胡天师于是举起左手，让华姑从自己的腋下看

---

① 译者注：此处据《华姑仙坛碑》回改为中文。《魏夫人仙坛碑》作"乌龟原，有石龟，每犯田苗，被人击首，其处是也"，文字略有出入。

去。华姑如其所言，从胡天师腋下看去，发现小池中有四位仙人正在洗澡。胡天师说"尔有道分，必当得之"，以此鼓励华姑。随后，华姑与同伴一起到乌龟原去寻找遗迹，果然在仙坛中央发现了石龟，并从石龟下面发掘出神像、刀剑、油瓮、灯盏等物。这一消息竟传到了武后那里，她令人将发掘出的神像等物收入宫中。颜真卿《麻姑山仙坛记》说"南真（魏夫人）遗坛于龟原"，指的正是此事。

随后，华姑又有了新的发现。魏夫人出现在华姑梦中，告诉她"坛南有九曲池，汝可开之"。按照指示，华姑果然发现了魏夫人的遗构，建筑原来铺设的砖石保存完好。于是，睿宗景云年间（710—711），宫中派来的道士叶善信携带绣像与幡花，于此举行了法事。而且，朝廷还派人于仙坛西侧，修建了名为洞灵观的道观，并允许七人出家成为女道士。其后，玄宗也命人来此祭祀，并出现了种种神异。找到汝水沿岸的魏夫人遗迹之后，华姑继而发现了魏夫人于"石井山建立坛场，往来游憩"的井山遗迹，并设精舍于其处。开元九年（721），给弟子留下了以下这番话之后，华姑升仙："不须钉吾棺，可以绛纱幕之。"① 不久，雷声轰鸣，弟子们走过去察看，发现绛

---

① 译者注：此据《华姑仙坛碑》回改为中文。"不须钉吾棺"，《魏夫人仙坛碑》作"勿钉吾棺"，其余同。

纱上破了一个卵大的孔，屋顶也凿出了一个可以通人的大洞，而棺材中只剩下覆纱与木简。黎琼仙这位女道士，在六七岁时目睹了这一神异，而真卿担任抚州刺史之时，黎琼仙仍然健在。黎琼仙，是华姑同学的弟子。

即使在华姑升仙之后，每逢华姑忌日，都会有暴风雨刮入室内，而往来村野之人，也时常看见五色彩云或是白鹤，种种神异，不绝如缕。玄宗为了慎重起见，派人来此调查，发现事实确凿，因而命道士蔡伟将其记入《后仙传》这一神仙传记中。开元二十九年（741）春三月乙酉（四日），朝廷派来的道士，携带龙璧，于此醮祭，恐怕是举行了投龙的仪式。所谓"龙璧"，龙是金龙，璧是刻有祭文的玉简。在祭祀之时，同样发生了不可思议的事情，突然有白鹿出现在坛东，随后消失在冢墓附近。此处所说的仙坛、冢墓，即魏夫人"临汝水西，立坛……东百余步造冢圹"所提到的坛、冢。天宝八载（749），朝廷正式承认此处为魏夫人"得道升仙之所"，并允许两人出家为女道士。

不过，似乎仅凭女道士来维持较为困难，因而南城县麻姑山仙坛观的男道士们时常施以援手。《华姑仙坛碑》云"谭仙嵒、史玄同、左通元等，每至三元，恒修斋醮"，如其所言，谭仙嵒等男道士每到三元（即正月、七月、十月的十五日），即从麻姑山来到此地，举行相关祭祀仪式。而根据《魏夫人仙坛碑》的记载，男道士的支援并不局限于此。在真卿担任抚州刺史期间，由于男道士的帮助，荒废已甚的洞灵观也得以重新修复。颜真卿欲将其善举传之后世，故为之立碑，而这正是真卿修立《魏夫人仙坛碑》的本意。

据《魏夫人仙坛碑》，仙坛观道士谭仙喦向抚州刺史颜真卿提出了以下建议：首先，"以男官黄道士二七人抽隶洞灵，共申洒扫"，即请求将仙坛观男道士二七一十四人抽调到洞灵观，让他们负责洞灵观的清扫工作；其次，"高行女道士黎琼仙七人，萃居坛院，精力住持已久，率励往来，增修观宇"，由于黎琼仙等七位女道士长年居住于洞灵观中，因而希望能号召到访信众，来帮助洞灵观的扩建工作。颜真卿自然是接纳了这些建议，在《魏夫人仙坛碑》正文的结尾，真卿如此写道："从之不日，遹暨厥成。仙迹之载，崇师之力也。敢备其本末而为颂云……"紧接正文之后，是四字一句的铭文，用简洁的语言复述了以上之事："于嗟女弱，香火堙沦。真卿刺州，谒拜斯频。乃命仙子，增修鼎新（一新）。花（华）姑侍傍，异代同尘。曷表元德，铭功翠珉。垂诸来裔，坱圠无垠。"

话说回来，《华姑仙坛碑》与《魏夫人仙坛碑》的后半部分虽然多有重合，但《华姑仙坛碑》的立碑之意似与《魏夫人仙坛碑》不同，其目的在于记述抚州一地，由麻姑到魏夫人、华姑、黎琼仙这一相承不绝的女仙传统。正因如此，真卿用了不少笔墨，来记叙黎琼仙之事：

"（华）姑同学弟子黎琼仙，恒服茯苓、胡麻，绝粒四十余秋，年八十，齿发不衰。"引人注目的是，黎琼仙和少女时的魏夫人一样，均是服食茯苓与胡麻。而且，这一女仙传统，在黎琼仙之后仍有传承。在真卿赴任抚州刺史的次年，大历四年（769）春三月，居住在井山山麓的女道士曾妙行，梦见一位女师傅，命她爬上七层华树，一层层地摘食花朵。梦醒之后，曾妙行仍然有满腹之感，因而以此为契机，开始了辟谷。其后，偶遇黎琼仙的曾妙行，不禁向其行跪拜之礼，说："梦中所见，乃尊师也。"便是如此，曾妙行成了黎琼仙的弟子。随后，《华姑仙坛碑》以下文为结。尽管已见于前述，不妨再次引用于此："昔麻姑得道于名山，南真（魏夫人）升仙于龟原，华姑矞于兹岭，琼仙、妙行，接踵而出。非夫天地肸蠁，从古以然，则何以仙气氤氲，若斯者矣！"

《李含光碑》

抚州刺史时期的颜真卿，撰写了不少与道教相关的作品，如《麻姑山仙坛记》《魏夫人仙坛碑》《华姑仙坛碑》等等。而且，真卿从抚州刺史转任湖州刺史之后，大历十二年（777）还亲自撰文、书丹了《茅山玄靖先生广陵李君碑》。此碑乃为茅山派宗师李含光所作。茅山派的法脉，始于陶弘景，经王远知、潘师政、司马承祯，最后

· 第五章 ·

被李含光所继承。

根据碑文记载，李含光和颜真卿的因缘始于真卿担任升州刺史之时。"真卿乾元二年（759）以升州刺史充浙西节度，钦承至德，结慕玄微，遂专使致书于茅山，以抒诚恳。先生特令韦炼师景昭复书于真卿，恩眷绸缪，足励超然之至。然可师可仰，望紫府而非遥；王事不遑，寄白云而悠远。"颜真卿很早既已听闻李含光的"至德"，并且对道教"玄微"之说颇感兴趣，因而派遣使者送信与茅山。而李含光则令弟子炼师韦景昭给真卿写了回信。这份恳切的关照让颜真卿颇感振奋。所谓炼师，是朝廷授予道士中"德高思精"者的称号（《大唐六典》祠部郎中条）。堪为人师的李含光，尽管其所居住的"紫府"（道教圣地）近而在望，但因为公务繁忙，颜真卿只能将心意托付与白云，而遗憾的是，真卿最终没有得到见面的机会。其后，"暨大历六年（771），真卿罢刺临川，旋舟建邺，将宅心小岭，长庇高踪，而转刺吴，事乖夙愿"。乾元二年的十二年后，卸任抚州刺史的颜真卿，途经建邺（今江苏南京）之时，再次燃起了拜访茅山之念，但旋即接到湖州刺史的任命，只好打消了这一念头，最终未能实现这一夙愿。

便是如此，颜真卿撰写了许多与道教相关的作品，而这引来了后世人的不少批评。譬如，明人王世贞对于颜真卿倾心道教颇感遗憾，在评论《李含光碑》时，如此写道:"鲁公好仙术,不特书《麻姑坛》已也。按:李含光者,陶隐居(陶弘景)裔,凡五世,其事绝无可纪。独人谓其隶法胜乃父,遂断不作隶,差近厚耳。"(《弇州山人四部稿》卷一三五《茅山碑》)王世贞之所以这么说,正因真卿《李含光碑》有以下记载:"初,先生幼年颇工篆籀(篆书及籀书),而隶书尤妙,或赏之云'贤于其父',因投笔不书。"对于《李含光碑》尚且如此,而多有怪诞之言的《麻姑山仙坛记》,后世的评价自然是更为严厉。譬如北宋欧阳修,便慨叹颜真卿这般人物,竟写下了如此作品:"颜公忠义之节,皎如日月,其为人尊严刚劲,象其笔画,而不免惑于神仙之说。释老之为斯民患也深矣。"(《集古录跋尾》卷七《唐颜真卿麻姑坛记》)所谓"释老",指佛教与道教。欧阳修是以憎恶释老而闻名的士大夫,其题为《本论》的文章,以批评佛教而得名,开头便说"佛法为中国患千余岁";而针对道教经典《黄庭经》所作的《删正黄庭经序》一文,则假托"无仙子"之口,希望神仙道教的"讹谬之说",不要再"惑世以害生"。

与佛教的因缘

然而,真卿的五世祖颜之推,却是一位虔诚的佛教徒。《颜氏家训·归心》一篇,颇能体现之推对于皈依佛

· 第五章 ·

教的炽热之心。在此篇开头，颜之推对家人这样说道："（佛教）三世之事，信而有征，家世归心，勿轻慢也。其间妙旨，具诸经论，不复于此少能赞述，但惧汝曹犹未牢固，略重劝诱尔。"并且，在《养生篇》中，颜之推将神仙术与佛教相对比，对神仙术有如下批评："考之内教（佛教），纵使得仙，终当有死，不能出世（即达到无死的涅槃境界），不愿汝曹专精于此。"

与之相反，撰写了《麻姑山仙坛记》等众多有关神仙道教的作品，对李含光怀有倾慕之情的颜真卿，似乎违背了颜之推所留下的家训。颜之推出生于梁朝，而作为梁王朝的创始人，从六世纪前半开始，统治江南近半个世纪的梁武帝萧衍，是中国历史上首屈一指的为佛教倾家荡产的天子。然而，颜真卿出生在唐朝，唐王朝将处于道教众神核心的老子，作为始祖来崇拜，尤其是唐玄宗，与梁武帝恰好相反，是一位对道教神魂颠倒的天子。不容否定的是，这样的时代环境的差异，也体现在了颜之推和颜真卿对待佛教、道教的态度之上。尽管如此，颜真卿对于道教，也并非一边倒。颜真卿从年轻时起，既已时常与佛教僧侣交游，参访佛教寺院。

譬如，颜真卿有题为《使过瑶台寺有怀圆寂上人》的五言诗，其诗序如此写道："真卿昔以天宝元年（742）尉醴泉，亟过瑶台寺圆寂上人院。秩满，迁监察御史，巡覆（巡察）诸陵，而上人已去此寺。大历十三年（778）

春二月，以刑部尚书谒拜昭陵，慨然有怀。"即大历十三年，七十岁的刑部尚书颜真卿，作为朝廷使者拜谒唐太宗昭陵。其时，又参访瑶台寺，怀想起三十五年前与圆寂上人交游的情景。瑶台寺，位于醴泉县昭陵之西，今已不存。

又如，永泰二年（766），应是在真卿由硖州别驾移任吉州司马的途中，他拜访了与庐山慧远关系甚深的东林寺与西林寺，其事见于《东林寺题名》与《西林寺题名》。庐山慧远，是东晋末年有名的高僧。《西林寺题名》记云："有法真律师，深究清净毗尼（戒律）之学，即律祖师志恩之上足（高徒），余内弟正义之阿阇黎（师父）也。"可知真卿的内弟，即夫人韦氏的弟弟韦正义，作为法真律师的弟子，曾居住于此。

同时，颜真卿在任抚州刺史时期，大历四年（769）四月撰写了《抚州宝应寺翻经台记》，六年（771）三月撰写了《抚州宝应寺律藏院戒坛记》。在《翻经台记》的开头，真卿这样写道："抚州城东南四里有翻经台，宋康乐侯谢公，元嘉（424—453）年初，于此翻译《涅槃经》，因以为号。"康乐侯谢公，即谢灵运。北凉县无谶将《涅槃经》译为汉文，该本流传至江南之后，有所修订，因而前者称为北本，后者称为南本。对佛教也颇为精通的谢灵运，曾参与南本的编修，《高僧传·义解·慧严传》如此写道："《大涅槃经》初至宋土，文言致善，而品数疏简，初学难以措怀。（慧）严乃共慧观、谢灵运等，依《泥洹（经）》本加之品目。文有过质，颇亦治改，始有数本流行。"所谓《泥洹（经）》，即法显所译六卷本《涅槃经》。三十六卷的南本，即据六卷本《涅槃经》的篇名对四十卷的北本篇名加以更改，并修订了一些字句。譬如，北本"手把脚蹈，得到彼岸"一文，南本改为"运手动足，截流而度"，即是一例。上述《涅槃经》的改译工作，除谢灵运之外，慧严及慧观也有参与，而谢灵运应是在抚州对《涅槃经》进行了改译，当时抚州被称为临川，谢灵运正是临川太守。尽管《高僧传》并没有记载改译工作的具体地点，但《翻经台记》开头所言，应该有所传承，并非杜撰。不仅如此，真卿在《东林寺题名》中写道，他在庐山东林寺，曾见过谢灵运用过的"《涅槃经》贝多梵夹"。贝多，即类似棕榈的贝多罗树的树叶，印度人将其作为书写材料。而将写好的贝多用木板夹住，即是"贝多梵夹"。谢灵运翻译时所用的《涅槃经》很可能就是"贝多梵夹"形制的梵文文本。

话说回来，《抚州宝应寺翻经台记》是真卿到任抚州刺史之时，为纪念荒废已久的谢灵运翻经台被修复一新，故作此文以刻石。值得注意的是，修复工作乃由宝应寺僧智清发起，并得到了佛迹寺僧什喻以及仙台观道士谭仙嵒的协助。这个谭仙嵒，应该就是见于《魏夫人仙坛碑》《华姑仙坛碑》，对洞灵观女道士施以援手的仙坛观谭仙嵒。由此看来，谭仙嵒真是一个能干的人。

而在《抚州宝应寺律藏院戒坛记》中，也提及了智清修复谢灵运翻经台之事。随后又有以下记载：大历四年（769）七月，观察使·尚书·御史大夫赵国魏公，于代宗皇帝生日之际上奏朝廷，希望为宝应寺招请高行僧二十一人。赵国魏公，即是见于《旧唐书》的魏少游，"大历二年四月，出为洪州刺史·兼御史大夫，充江南西道都团练观察等使，四年六月，封赵国公"。（《旧唐书》卷一一五）魏少游的请求得到了代宗的敕许，而宝应寺最终"鼎新轮奂"，伽蓝之美，焕然一新。又因"学徒虽增，毗尼（戒律）未立"，故延请慧钦来此授法，并创建律藏院及戒坛。慧钦，出生于抚州以北的洪州建昌（今江西永修）。自北魏法聪律师以来，《四分律》口授相传，连绵不绝，而慧钦则承继了这一律学法脉。

如上所述，颜真卿也留下了不少与佛教相关的作品，记录了其与僧侣交游以及参访佛寺的事情。不仅如此，如下章所言，湖州刺史时期的颜真卿还与妙喜寺的皎然有着很深的友谊。在皎然所撰《唐湖州佛川寺故大师塔铭》的序文中，提到曾任湖州刺史的卢幼平、独孤问俗、杜位、裴清，乃至颜真卿，均是慧明的菩萨戒弟子。《宋高僧传·兴福·慧明传》正是根据这篇序文而来。

尽管如此，我们还是难以否定，较诸佛教，颜真卿更倾心于道教。皎然直截了当地说真卿是"道家流"，对此下章有详述。而真卿与僧侣的交游，与其说是求授佛法，不如说是倾慕对方的为人。而参访的寺院，也是像庐山东林寺、西林寺这类历史上有名的古迹，真卿对于历史的兴趣，应是其主要的动力。又譬如，真卿在《抚州宝应寺翻经台记》末尾写道"以真卿业于斯文，见咨纪述"，即真卿是因其文人身份，受人所托而撰述此文。与之相反，《麻姑山仙坛记》结尾云"真卿幸承余烈，敢刻金石而志之"，此句已见于前引，《华姑仙坛碑》结尾亦云"真卿幸因述职，亲睹厥猷（由于担任抚州刺史，因而有幸目睹这一功业），若默而不言，则来者奚述"，透过这些文字，我们不难感受到真卿对于道教的热忱。

《蔡明远帖》与《八关斋会报德记》

大历六年（771）闰三月，真卿卸任抚州刺史，随后于大历八年（773）正月作为湖州刺史赴任乌程。在此期间，他曾一度奔赴洛阳，譬如《蔡明远帖》，应该就是写于由抚州前往洛阳的途中：

蔡明远，鄱阳（今江西鄱阳）人。真卿昔刺饶州，即尝趋事（侍奉起居），及来江右，无改厥勤，靖言此心，有足嘉者。一昨缘受替归北，中止（途中逗留）金陵（今江苏南京），阖门百口，几至糊口。

明远与夏镇不远数千里，冒涉江湖，连舸而来，不愆晷刻（时间不差分毫），竟达命于秦淮之上（如约赶到秦淮河边）。又随我于邗沟之东，追攀不疲，以至邵伯南埭。始终之际，良有可称。今既已事方旋，指期斯复（现在工作已经完成，返回的日期也已确定）。江路悠缅，风涛浩然，行李（行旅）之间，深宜尚慎。不宣。真卿报。

江右，即长江以北地区。秦淮，即流经金陵城西，最后并入长江的秦淮河。邗沟，即长江与淮水间的运河。邵伯南埭，据说是与王羲之有过交往的谢安于扬州所建。因运河水位高低不同，故造埭以蓄水，方便船只通行。如引文所言，在由抚州前往洛阳的长途旅行中，颜真卿一家颇为困苦，而蔡明远由鄱阳远道而来，为其

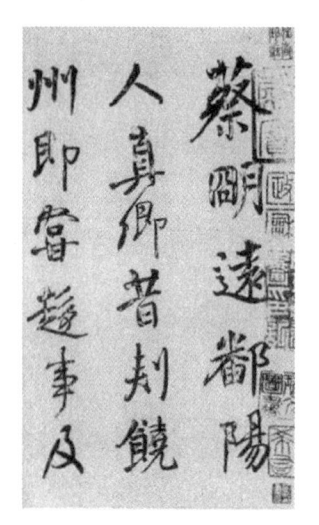

蔡明远帖

排忧解难，并给予了颇多关照。《蔡明远帖》正是真卿为了表示自己的感谢而作，由书信中暖人心怀的文字，不难想见真卿平生温柔敦厚的品行。

颜真卿撰文书丹，立于宋州（州治宋城，今河南商丘）的《八关斋会报德记》也是这一时期的作品。据碑文记载，大历七年（772）四月，河南节度使田神功罹患热疾，故举行八关斋会，以祈求其平安痊愈。佛教的在家信徒，在一日一夜之中，过与出家人相同的生活，即

八关斋会报德记

所谓的八关斋会。对于佛教徒而言，五戒是最基本的戒律，即不杀生戒、不偷盗戒、不邪淫戒、不妄语戒、不饮酒戒，而八关斋会，则是在五戒之外，还要额外遵守"不著花鬘璎珞、香油涂身、歌舞倡伎故往观听""不得坐高广大床""不得过斋后吃食"这三条戒律。除此之外，按照惯例，斋会还会邀请大量僧众，施行布施。而颜真卿记录的斋会也同样如此，发起人使持节宋州诸军事·行宋州刺史徐向，首先"以俸钱三十万设八关大会，饭千僧于开元伽蓝（开元寺）"。"饭"，本是指提供斋会的素食，但实际上则是布施金钱，徐向竟施与了三十万钱的巨款。其后，州县官苗藏实、武官孙琳、百姓的代表长者张

烈，分别举行了一千五百人、五百人、五千人规模的盛大斋会。

《八关斋会报德记》的撰写无疑是受人所托，而后世对于真卿受托撰碑之事褒贬不一。如明赵崡的《石墨镌华》（卷三）云："（田）神功故非良臣，徐向等媚其主帅非佳事，而鲁公为撰为书何也？"此乃贬词。而与之相反，清人毕沅《中州金石记》（卷三），则根据《旧唐书·田神功传》（卷一二四）中"忠朴干勇（忠诚朴实，且有才能、勇气）"这一评价，来反驳赵崡之说，认为"非良臣"的责难，是"以小节而掩大功"。另外，让人颇感兴趣的是明孙楗《金石评考》的说法。孙楗指出，《八关斋报德记》中"收沧（州）、德（州），攻相州，拒杏园，守陈留"等关于田神功功绩的记录，全不见于《旧唐书·田神功传》，但却见于《新唐书·田神功传》。因此他推测，《新唐书》的撰者欧阳修"得此碑"而对《旧唐书》有所修订。换言之，颜真卿的作品是《新唐书》重要的资料来源之一。

| 第六章 |

湖州刺史时期

《韵海镜源》

大历六年(771),颜真卿卸任抚州刺史,大历八年(773),作为湖州刺史赴任乌程。而在乌程等待真卿的,是文人雅士间愉快的雅集。其中,最令真卿感到高兴的是,由于有文人们的热心帮助,字书《韵海镜源》的编撰进展迅速,最终得以圆满告成。

文字学,对于颜氏之人来说,是由来已久的家学传统之一。真卿的五世祖颜之推所著《颜氏家训》中,即有《书证》《音辞》等与文字学密切相关的篇章,除此之外,之推还著有《急就章注》《训俗文字略》《笔墨法》等书。之推的次子颜愍楚撰有《证俗音略》。而之推之孙颜师古所撰《汉书》注,其特色也在于注语词而非注史实。另外,与祖父之推一样,师古也著有《急就章注》,并且还撰写了前四卷论"诸经训诂、音释",后四卷论

"诸书字义、字音及俗语相承之异（俗语在传承中的变化）"的《匡谬正俗》八卷（《四库提要》卷四〇）。而且，真卿的伯父颜元孙著《干禄字书》，以辨明正字、俗字、通用字三者间的差异。所谓"干禄"，即寻求俸禄之意，因而说《干禄字书》乃为科举考试而编的参考书也不为过。而真卿上任湖州刺史后，将《干禄字书》用小字写出，命人刻于石上，立于湖州官厅一隅。随后，颜真卿在湖州完成了大部头《韵海镜源》的编撰，并因书名，在湖州修筑了韵海楼，由此不难看出颜真卿内心的喜悦之情。

《旧唐书·代宗本纪》大历十二年（777）十一月条，将其作为真卿离任湖州刺史后的事情，记载道"刑部尚书颜真卿，献所著《韵海镜源》三百六十卷"。关于《韵海镜源》一书的编撰原委，叙述最为详尽者，当属真卿亲自撰写的《湖州乌程县杼山妙喜寺碑》。并且，尽管《韵海镜源》只有部分片段流传至今日，但借助《杼山妙喜寺碑》，我们也可以了解其书的大致构成。

根据碑文，《韵海镜源》的编撰，早在真卿担任"典校"，即作为秘书省校书郎初入官场之时，业已着手。该书为何以"韵海"为名？这是因为其书以韵为次排列文字，是一部如同大海般规模宏大的字书——"即考五代祖隋外史府君与法言所定《切韵》，引《说文》《苍雅》诸字书，穷其训解；次以经史子集中两字已上成句者，广而编之。"所谓"法言"，即陆法言，陆法言编纂韵书《切

·第六章·

韵》的工作，颜之推也曾参与策划。《说文》，是西汉许慎所撰《说文解字》。《苍雅》，是《三苍》《埤苍》以及《广雅》等书的总称。"经史子集"，"经"是儒家经典，"史"是历史书，"子"是有关诸子百家思想的著述，"集"是与文学相关的书籍，传统上中国的书籍被分为以上四类。也就是说，该书是以《切韵》为基础，引用《说文》及其他字书来阐明其字义，然后广泛搜罗各种书籍中两字以上的成句。那么，又为何以"镜源"为名？是因为其书"镜照原本，无所不见"，对所有文字均加以了详细解析。顺带一提的是，据《封氏闻见记》卷二"声韵"条记载，《韵海镜源》以《切韵》所收12158字为基础，增补至14761字，首先引用《说文》以示文字之篆体，其次列举文字之楷体以及其他各种书体；在此之上，将经典所见二字以上的成句，依句末文字，分属于各条之下。

校书郎时期既已着手的《韵海镜源》，在真卿任职平原太守之时，其编撰工作也仍在继续。在当地人封绍、高筼以及族弟颜浑等人的帮助下，真卿完成了两百卷的编撰，但不巧的是，因为遭遇安史之乱，编撰工作仅停留在整体计划的四分之一。而任职抚州刺史之时，他同样得到了左辅元、姜如璧等当地人的帮助，而《韵海镜源》的草稿也达到了五百卷之多。附带一提的是，左辅元似乎是真卿在抚州所收的弟子，他搜集真卿抚州时期的作品，编成

《临川集》十卷，其后他也一直在真卿身边。

如果从校书郎时期开始计算，则在近四十年的时间里，真卿一直在从事《韵海镜源》的编撰，积累的草稿有五百卷之多。最终，真卿在湖州对《韵海镜源》进行了最后的删订，完成了这部三百六十卷的字书。关于湖州删订的协助者，《杼山妙喜寺碑》列举了金陵沙门法海、前殿中侍御史李萼及陆羽等合共一十九人。大历八年（773）季夏六月，真卿因"公务之隙"，与前述诸人"于州学及放生池日相讨论"。其年冬，讨论的场所被移至杼山（位于湖州东南）东边，其地点应即梁武帝所创建的妙喜寺。至于次年春天，编撰工作最终完成。所谓放生池，即本着佛教慈悲精神，将鱼、龟等生物放归池塘，并禁止捕杀。肃宗乾元二年（759），朝廷诏令天下修建八十一处放生池，当时正在升州刺史任上的颜真卿，为之撰写了《天下放生池碑》，至大历八年七月，真卿又命人追立石碑于湖州骆驼桥东。湖州的放生池很可能即位于此处，而放生池与州学，正是在转移到妙喜寺之前，真卿与诸人讨论《韵海镜源》编纂的地方。同族的颜浑及其余九人，也参与了《韵海镜源》的编纂，但因为各自的事情，在完成前已离开了湖州。另外，在讨论场所移至杼山之后，真卿侄子颜超、颜岘以及儿子颜颀、颜顾也陆续来此，参与讨论。

在说完上述之事后，《杼山妙喜寺碑》如此作结，真卿跟当时杼山妙喜寺的大德皎然如此说道："昔庐山东

· 第六章 ·

林,谢客有遗民之会;襄阳南岘,羊公流润甫之词。况乎兹山深邃,群士响集,若无记述,何以示将来?"谢客,即谢灵运,或因其幼名客儿,所以称之为谢客。到访庐山东林寺的谢灵运,曾与慧远法师的俗家弟子刘遗民在此举行雅集。羊公,即西晋羊祜。作为军政长官,驻屯于襄阳的羊祜,曾与邹湛(字润甫)一同攀登城南岘山,并慨叹与悠久的岘山相比,人生是何其短促。羊祜死后,百姓为了纪念他,于岘山刻石立碑。由于读此碑者,莫不落泪,故被称为堕泪碑。庐山和岘山均有如此逸事流传,那么文人齐聚,特别是《韵海镜源》最终在此告成的杼山,怎能没有文章记述,永传后世呢?正因如此,颜真卿撰写了《杼山妙喜寺碑》。

皎 然

杼山妙喜寺的大德皎然,俗姓谢,乃谢灵运的十世孙。皎然是天下闻名的诗僧,真卿在湖州之时,与皎然来往十分亲密,二人间的诗歌酬唱颇为频繁。譬如,皎然有题为《奉和颜使君真卿修〈韵海〉毕,会诸文士东堂重校》的五言诗。所谓"韵海",指的自然是《韵海镜源》。颜真卿原诗《修〈韵海〉毕,会诸文生东堂重校》不传,皎然诗是其和诗,首云"外学宗硕儒,游焉从后进",并有"探讨始河图,纷纶归海韵"等句。出于黄河的龙马，其背上所画图案即是"河图"。而"洛书"，则是出于洛水的大龟背上所画的纹样。"河图""洛书"，传说是文字的起源。这里是说，颜真卿等人对文字的探究，向上一直追溯到"河图"，最后归本于广阔无垠的《韵海镜源》。又如，皎然还有题为《奉陪颜使君修〈韵海〉毕，东溪泛舟，饯诸文士》的五言诗。为了庆祝《韵海镜源》告成，真卿与众人乘船游宴，皎然亦陪同参加，此诗当作于其时。皎然诗中，有"鲁公著书依《切韵》起东字，脚皆列古篆"的小注。据此可知，《韵海镜源》仿照《切韵》（颜之推曾参与其编纂）的体例，以"东dōng"韵字作为起始，而各字之下列有篆书等古文字体。该诗还有"研精业已就，欢宴惜应分"一联，说《韵海镜源》的研讨会最终圆满结束，尽管宴会非常尽兴，但遗憾的是参加者将要各自离开湖州。

顺带一提的是，皎然有题为《奉贺颜使君真卿二十八郎隔绝，自河北远归》的五言诗，云："相失值氛烟，才应掌上年。久离惊貌长，多难喜身全……"分别已久的二十八郎终于从河北归来，回到真卿身边，故皎然赋诗以作庆贺。诗的大意为：二人分别之时阴云密布，那会儿他还是惹人疼爱的少年。长年的离别，昔日的少年现在已全然是成人的模样，令人大吃一惊，所幸多难之秋能够平安无事。清黄本骥《颜鲁公年谱》认为，二十八郎即是真卿之子颜颇。如前所述，平原太守时期，真卿在河北一带开展反安禄山运动，由于范阳刘正臣对真卿的抵抗表示了支持，因而真卿不顾周围人的反对，把儿子颜颇送给刘正臣作人质。如果真如黄本骥所推测的那样，那么这将是时隔十七八年之久的父子重聚。二十八郎毫无疑问是颜氏家族中的年轻人，然而是否如黄本骥所主张的那样，二十八郎就是真卿之子颜颇呢？现在尚无确凿的证据。

即便二十八郎不是颜颇，但颜氏家族的年轻人能由河北平安归来，在此重聚，真卿也必定十分欣喜。由于河北地区恢复了和平，早在就任湖州刺史之前的抚州刺史时期，已有喜讯传到了真卿之处，其事见于《封氏闻见记》卷十"修复"条。据其记载，真卿在平原之地留下了三座石碑，均为

东方朔庙碑

自撰亲书。其一，立于郡门之内，记录了与真卿同时，由尚书之职转任地方太守的十几位同僚的事情。其二，立于郭门之西，记述了颜氏一族曾任平原太守者，三国魏颜斐、北齐颜之推以及真卿自己，合共三人。其三，是《东方朔庙碑》，其碑虽已刻石，但尚未树立。由于不久之后，安禄山之乱爆发，这些碑石均被埋入土中。而河北

地区恢复和平之后,有热心士人吴子晁将《东方朔庙碑》的碑石重新掘出,立于东方朔庙中。同时,他又寻得其余两碑的拓本,将其重新刻石,立于郡门之处。最后,吴子晁托人把三碑的拓本送至抚州,呈与真卿过目。东方朔,是出入汉武帝宫廷有名的滑稽之人。这三碑之中,仅《东方朔庙碑》有拓本流传,而《封氏闻见记》说此碑是真卿自撰亲书,其实并不准确。因为《东方朔庙碑》由两部分组成,碑阳是真卿书写的西晋夏侯湛《东方朔画赞》,而碑阴则记录了将此碑立于东方朔庙(东方朔是平原人)的缘由。换言之,只有《碑阴记》才是真卿的自撰亲书。《碑阴记》乃"有唐天宝十三载(754)季冬(十二月)辛卯朔建",据其记载,平原郡(原德州)东方朔庙中,原立有德州刺史韩思复于开元八年(720)所书《东方朔画赞》刻石。真卿就任平原太守后,时为平卢节度使安禄山,为了窥伺辖下诸郡动静,派遣幕僚至平原视察。当真卿带领一众幕僚参观东方朔庙时,发现经过了四十年的岁月,韩思复刻石已剥落严重,因而真卿用大字楷书,重新将其书写刻碑。

夏侯湛《东方朔画赞》,是其至东方朔庙时,看见庙中供奉的东方朔遗像,心生感慨,故有此作。而这篇文章之所以被后世所熟知,更主要是因为真卿,以及真卿之前的王羲之均写过《东方朔画赞》的书法作品。刻于碑石的颜真卿《东方朔画赞》是用雄浑的大楷所书,与之相对,王羲之的作品则是用端正小楷写成。王羲之《东方朔画赞》有"永和十二年（356）五月十三日，书与王敬仁"的跋尾，可知此乃王羲之赠与王修（字敬仁）的作品。

真卿收到吴子晃寄来的拓本，不禁怆然悲伤，小声嘟囔道："碑者，往年一时之事，何期大贤再为修立，非所望也（没想到有贤人为之重新修复立石）！"即派遣使者远至河北之地，向吴子晃表达谢意。

《登岘山观李左相石樽》联句

关于《韵海镜源》湖州删订的协助者，《杼山妙喜寺碑》首先提到的是金陵沙门法海，其次是李萼，再次则是陆羽等人。法海于《宋高僧传·义解》有传，是昼公即皎然（字清昼）的知心朋友，其余事迹不详。李萼见于殷亮所撰《颜鲁公行状》，说真卿曾任用他为湖州防御副使。此外，收于《颜鲁公集》中的《登岘山观李左相石樽》联句，也有李萼的身影。真卿先赋"李公登饮处，因石为洼樽"一联作为全诗起首，其后皎然、陆羽等二十余人依次联诗，最后李萼以"登临继风骚，义激旧府恩"一联结束了全诗。岘山位于湖州南面，原名显山，为避唐中宗名讳，故借鉴襄阳岘山（因前述羊祜之事而为世人所知），改为今名。湖州岘山上有洼石，能盛五斗之酒，传说开元年间赴任湖州别驾的李适之以此为酒樽，与人对饮，此即"石樽"之名的由来。而见于《宋高僧传·杂科声德·皎然传》的"李萼",以及在皎然诗题中屡屡出现的"李萼",尽管文字有异,但由于发音相同,故应与李萼为同一人。而这位在湖州活跃于真卿身边的李萼,无疑就是本书第三章《青年李萼的献策》一节中所提到的,那位来自清河,向平原太守颜真卿建言献策的年轻人。《新唐书·卓行·元德秀传》中,所列元德秀门人之中,有李萼之名,云"安禄山乱,萼客清河,为乞师(请求援军)平原太守颜真卿,一郡获全",又说李萼后来曾任庐州(今安徽合肥)刺史。另据令狐峘《颜鲁公神道碑》记载,故吏庐州刺史李萼,为真卿"刊石建碑(神道碑)",可证《新唐书》其言不虚。以"故吏"为称,据《颜鲁公行状》,是因为李萼曾在湖州刺史颜真卿麾下担任防御副使。顺带一提的是,在《颜鲁公行状》中,李萼的官职是吉州刺史,或许在庐州刺史之前,他曾担任过吉州刺史。而殷亮之所以写《颜鲁公行状》,最初是因为吉州刺史李萼认为殷亮"久趋栏戟",时常出入真卿的宅邸,故请其提供相关的基础材料,以便为真卿撰写碑文。如前所述,殷亮是真卿舅父殷践猷的孙子。若事实真是如此,则不难理解为何《颜鲁公行状》对李萼着墨尤多。关于李萼与平原太守颜真卿的对话,《颜鲁公神道碑》仅言"清河词客李萼,少年有才,献奇(奇策)于公,以通邻好,增补军实(武器及军粮)",而两《唐书·颜真卿传》也对此着

· 第六章 ·

墨不多,唯有殷亮《颜鲁公行状》的叙述格外详细,详见本书第三章的引文。无论如何,对于颜真卿而言,在湖州与李崿重聚,无疑是一件欣喜之事。

《登岘山观李左相石樽》联句中,"维舟陪高兴,感昔情弥敦"一联,下注云"道士吴筠"。吴筠是茅山派道士,在其《神仙可学论》中,吴筠认为:通过对"形"(肉体)的净化,可以与充满宇宙的"气"合为一体,通过对"气"的净化,可以与"神"(人类体内被赋予的"道")合为一体,最后则是与最为根本的"道"相冥合。通过上述的修炼,人可以成为神仙。另外,颜真卿还有题为《清风楼赋得洞庭歌送吴炼师归林屋洞》的七言诗,虽已不存,但皎然的和诗则流传到了今天。吴炼师,指的也是吴筠。道教将神仙居住的世外桃源,分为十大洞天、三十六小洞天、七十二福地这三个等级,而林屋洞被认为是十大洞天之一,位处于洞庭湖。不过,这里所说的洞庭湖,并不是我们所熟悉的湖南省的洞庭湖,而是从湖州北边一直延伸至江苏省南部的太湖。而漂浮在太湖中的一座小岛,古来有洞庭山、包山、林屋山等称呼。江苏省的湖泊和湖南省的湖泊均被称作洞庭湖,之所以如此,是因为"洞庭"是与"洞天"有着密切关系的名词,洞天与洞天之间借由地脉而相互连通,神仙可以在彼此间自由往来。譬如,《文选》卷一二所收东晋郭璞的《江赋》,有"爰有包山洞庭,巴陵地道"一句,李善注正引郭璞

《山海经》注为释，其文如下："洞庭地穴，在长沙巴陵（今湖南岳阳）。吴县（江苏苏州）南太湖中有苞（包）山，山下有洞庭，穴道潜行水底，云无所不通，号为地脉。"

皎然在其和诗中，对真卿有"吴兴太守道家流"这样的评价；对吴筠，则有如下吟咏："湖之山兮楼上见，山冥冥兮水悠悠。世人不到君自到，缥缈仙都谁与俦。黄鹤孤云天上物，物外飘然自天匹。一别千年未可期，仙家不数人间日。"末联说，一旦与吴筠分别，千年之后还能否重逢，谁也说不清楚。因为神仙的世界与人类世界不同，时间无始无终，亘古永恒。

陆 羽

在《登岘山观李左相石樽》联句中，留下"松深引闲步，葛弱供险扪"一联的是陆羽。《杼山妙喜寺碑》列举的《韵海镜源》编撰协助者中，在李萼之后的，正是陆羽。《杼山妙喜寺碑》记录了以下一则关于陆羽和颜真卿的逸事：浙江西观察判官·殿中侍御史袁君高来湖州巡视，颜真卿为之建亭，而陆处士（即陆羽）将其命名为三癸亭。由于亭子落成于癸丑岁冬十月癸卯朔二十一日癸亥，故陆羽借此三"癸"而名之。癸丑岁即大历八年（773），其年十月的朔日（初一）为癸卯，二十一日为

第六章

癸亥。三癸亭似乎也建在妙喜寺，皎然有题为《奉和颜使君真卿与陆处士羽登妙喜寺三癸亭》的五言诗，首云"秋意西山多，列岑萦左次"。但让人费解的是，这首诗一题《赠僧皎然》，作为颜真卿之作，被收入《颜鲁公集》中。这一问题暂且不论，而颜真卿还有题为《谢陆处士杼山折青桂花见寄之作》的五言诗，云："群子游杼山，山寒桂花白。绿萼含素尊，采折自逋客……"其中，逋客是指避世的隐者，或是指漂泊流浪之人，这是真卿对陆羽的评价。真卿在湖州结交的文人之中，陆羽显然是一位与众不同的人。

肃宗至德年间（756—758），陆羽来到了湖州。在陆羽的自传，即中国最早以"自传"为名的《陆文学自传》（《文苑英华》卷七九三）中，有以下记载："洎至德初，秦人过江，子（陆羽）亦过江，与吴兴释皎然为缁素忘年之交。"所谓"缁素忘年之交"，即二人交情之深，使得彼此忘记了在僧俗以及年龄上的种种差异。由于安禄山之乱的余波所及，天下纷乱，秦地即关中地区的百姓纷纷逃亡江南，而陆羽也是其中一员，他在湖州与僧皎然成为了知交。譬如，皎然在题为《访陆处士羽》的五言诗中这样写道："太湖东西路，吴王古山前。所思不可见，归鸿自翩翩。何山赏春茗，何处弄春泉。莫是沧浪子，悠悠一钓船。"面朝太湖的东西交错的街道，与春秋时期吴王渊源深厚的群山。想要拜访的朋友恰巧不在，归巢的鸿雁于空中翩翩翱翔。不知是在哪座山里品尝春天的新茶,不知是在何处玩赏春天的清泉?那个人莫不是沧浪子,遥望中一艘钓船漂浮在远方。沧浪子,指隐者,这自然是皎然对陆羽的评价。在其他文本中,这首诗或题为《访陆羽处士不遇》,未知孰是。而皎然还有一首直接以《寻陆羽不遇》为题的作品,诗云:"移家虽带郭,野径入桑麻。近种篱边菊,秋来未着花。扣门无犬吠,欲去问西家。报道山中出,归来每日斜。"想要拜访的朋友搬到了城郊,野地里的小径通往桑田、麻田,颇有乡间气息。最近篱笆旁边种上了菊花,秋天到了却依然未开。砰砰地敲了下门,却连狗叫声也没有,无奈之下只好离开,试着问问西边的邻家。邻人说:他从山中回来,总是在太阳西斜的时分。如上所言,皎然每每在诗中吟咏拜访陆羽而不遇的情景,这正能反映二人友谊之深厚。

陆羽因著有《茶经》而为人所知。《茶经》全面记录了茶的品种、茶具、烹煮方法、饮用方法、产地等各个方面。而在来湖州之前,陆羽那异于凡人、波折重重的人生经历,可谓世间罕有。《陆文学自传》云:"陆子名羽,字鸿渐,不知何许人也。或云字羽,名鸿渐,未知孰是。"陆羽用着戏谑的笔调写下了开头,名也好,字也好,籍贯也好,完全没有所谓。尽管文章题为《自传》,陆羽却用"陆子"来称呼作为主人公的自己,有时又用第三人称"子",将主观化为客观。这篇自传究竟能够反映

第六章

多少陆羽的真实形象，实在有些让人摸不着头脑。

此处暂且不论，文章接下来写道：陆羽三岁时便成了孤儿，在竟陵（今湖北潜江）大师积公的禅院中被抚养成人。关于此事，《新唐书·隐逸传·陆羽传》记载："不知所生，或言有僧得诸水滨，畜之。"若据《新唐书》所言，则陆羽是弃婴，后被僧人所收养。不过，陆羽自幼就喜爱学习，钻研文章的写作。而积公和尚拿出佛经，想教他出世法门，陆羽虽然有些口吃，却像个大人一样争辩说："终鲜兄弟，无复后嗣，染衣削发，号为释氏，儒者闻之，得称为孝乎？羽将授孔圣之文。"佛教的反家族主义，与"孝"之伦理相违背，这正是儒教攻击佛教的最主要的原因。而积公答道："善哉！子为孝，殊不知西方染削之道，其名（学问）大矣。"积公坚持佛教经典之说，而陆羽则坚持儒家经典之说，双方互不让步。积公因此狠心地命令陆羽干累活，寺院的打扫、厕所的清洁、墙壁的粉刷、瓦顶的修葺，以及牧牛的管理等等，均让陆羽负责。但即便是在这样的生活中，放牧的时候，陆羽还是会拿着竹棍，在牛背上写写画画，学着写字。某日，陆羽向某个学童请教文字，得到了东汉张衡的《南都赋》，但因不识字，完全读不懂。尽管如此，陆羽还是装成学生那样，在牧场正襟危坐，展卷而读，口中念念有词。

从学童那得知此事的积公，生怕陆羽沉浸于外典，而日远于佛道，因而把陆羽关在寺院里，让他割杂草，并命年长的弟子去监督陆羽。某日，陆羽忽然心中浮现出种种文字，就好像忘记了什么东西似的懵懵懂懂，一整天都没干活。监督陆羽的师兄自然是火冒三丈，拿起鞭子抽他，陆羽却悲叹道"恐岁月往矣，不知其书"，不禁呜咽而哭。但师兄还是接着用鞭子抽打他的背脊，直到鞭子抽断才放过他。忍受不了这种痛苦的陆羽，最终逃离了寺院，而他的避难之处竟是"伶党"。

根据任半塘《唐戏弄》的研究，所谓伶党，即是戏班子。在戏班里，陆羽写了被认为是戏剧脚本的《谑谈》三篇，而他也曾作为伶正（主角），亲自表演过"木人""假吏""藏珠"。任半塘认为：木人，即傀儡戏；假吏，与"假官戏"相同，即参军戏，是使用双人对答形式的社会讽刺剧；藏珠，其意未详。陆羽抛弃了寺庙，跟戏子们成了同伴，其后积公追赶而来，对陆羽说道："念尔道（佛道）丧，惜哉！吾师（释迦牟尼）有言，我弟子十二时中，许一时外学，令降伏外道也。以吾门人众多，今从尔所欲，可捐乐工书。"

天宝年间，原籍郢（今湖北武汉）地之人，在沧浪亭摆酒宴饮，吩咐地方官吏，请陆羽来担任伶正之师。其时，原河南郡长官李齐物，左迁至竟陵，担任太守。李齐物在宴会上见到陆羽，对他颇为欣赏，牵手拍背，犹如亲友一般，并将自己的诗集送给了陆羽。由此，陆羽在汉水、沔水流域等竟陵周边地区名声大震，为人们所瞩目。

第六章

之后，陆羽背着书籍，造访了火门山邹夫子的别墅。火门山，在今天的湖北天门境内，后改名为天门山（《湖广通志》卷八）。虽然不知道邹夫子是谁，但应是邹姓的先生。另外，吏部郎中崔国辅出任竟陵司马之后，陆羽与他有着三年之久的交游，并赠与崔氏白毛驴、黑毛野牛各一头，以及施有纹饰的槐木书箱一个。毛驴和野牛，原是襄阳太守李憕所送的礼物，而书箱则是卢姓黄门侍郎的礼物，陆羽对之均珍爱有加，但对于山野之人来说，是无用的长物，故全部送给了崔氏。崔国辅，在当时是颇负盛名的诗人。

《陆文学自传》在概述完以上经历之后，如下写道："泊至德初，秦人过江，子（陆子）亦过江，与吴兴释皎然为缁素忘年之交。"原是寺院里的小和尚的陆羽，寄身于戏班，之后由于竟陵太守李齐物对其才能的肯定，从而成为士大夫集团的一员。话说李齐物的神道碑乃颜真卿所撰，而文中也提到了陆羽。李齐物作为太守将要赴任竟陵，陆羽为此十分高兴，对竟陵的官吏们这样说道：官吏之中"簠簋不修者"（若无其事地索要贿赂的混账之人），僧侣道士之中"戒律不精者"（一向不遵守戒律之人），百姓之中"泛驾蹶驰者"（不听官府指示，为所欲为之人），虽然至今为止，并未追究其罪责，但从今往后，恐怕不会置之不理。果然，数年之间，竟陵的风俗因李齐物而为之一变。以上见于颜真卿所撰李齐物神道碑。

《陆文学自传》的最后,有"上元辛丑岁,(陆)子阳秋二十有九"的跋尾,即《自传》乃陆羽二十九岁,上元二年(761)所撰。由于作于真卿赴任湖州刺史的十二年前,因而真卿并未在《自传》中出现。而陆羽言及真卿的文章,是其《僧怀素传》(《全唐文》卷四三三)一文。文中,陆羽就徐吏部(略年长于真卿的前辈徐浩)与颜太保(真卿)二人的书法,如此问道:"徐吏部不授右军(王羲之)笔法,而体裁似右军;颜太保授右军笔法,而点画不似。何也?"某位博识君子答道:"盖以徐得右军皮肤、眼鼻也,所以似之;颜得右军筋骨、心肺也,所以不似也。"如此,二人的书法孰高孰低,已是十分清楚,毋庸多言。

张志和

湖州刺史时期,较之陆羽,还有给颜真卿留下更深印象的人,他就是张志和。雅号玄真子的张志和,是一位以鬼才、奇人而知名的画家,故《新唐书》将其与陆羽等人一同收入《隐逸传》中。在真卿《浪迹先生玄真子张志和碑》中,张志和作为摆脱世间羁绊,无视世俗常情,纯真无邪的自由之人的典型,借由真卿的生动描写,其形象跃然于纸上。而字里行间,也透露着真卿对张志和的憧憬与热忱。在《张志和碑》的开头,真卿这样写道:"士有牢

第六章

笼太虚，撒掖玄造，摆元气而词锋首出，轧无间而理窟肌分者，其唯元真子乎！"包含"太虚"（宇宙空间），震荡"玄造"（造化自然），排列"元气"（充满在宇宙间的能量），使文辞的锋刃格外突出，倾轧"无间"（没有间隙），使内在的道理有条不紊，能够如此的人，唯有玄真子。张志和的气象何其之大，然而却"忽焉去"，忽然从真卿跟前消失了踪影。

《张志和碑》所描绘的具体人物形象是怎样的呢？《张志和碑》的脉落并非井然有序，特别是有不少打乱时间先后的记叙。难以否认，《张志和碑》给人一种想起什么就写什么的无序之感，这或许是真卿对张志和那难以理清的热忱所致。在此我们也不勉强为其重新排序，大致依照碑文的叙述顺序，来概述其内容。

张志和原名龟龄，是个吉利的名字，乃东阳金华（今浙江金华）人。父亲张游朝，撰有《南华象罔说》《冲虚白马非马证》等关于道家哲学的著作。南华，指庄子；冲虚，指列子。母亲在怀张志和之时，曾梦见枫树在自己的肚子上生根发芽。枫树，被认为是凤凰翔集之树。而张志和的青年时期，也和当时的普通士大夫子弟一样，十六岁游学于最高学府太学，后于科举的明经科考试中及第。献策于肃宗，受其褒奖，因此升任翰林待诏，并被授予下属禁卫军的左金吾卫录事参军一职。翰林待诏，即在学术机关工作，负责回答天子咨问的官职。而他改名志和，改字子同，也在此时。唐张彦远《历代名画记》认为，他是奉肃宗之命而改名。但不知是什么原因，张志和后被贬为地方的下级官员，随即辞官回乡。不久双亲去世，张志和对官场的冀望便消失殆尽。在此之后，他乘着小舟，垂钓于江川湖泊之上，自称"烟波钓徒"，开始了一段与先前完全不同的人生。

随后，是碑文对张志和的两部著书《玄真子》及《太易》的记述。《玄真子》共十二卷，三万字，其书名亦即张志和的雅号。时人认为该书"论道纵横（自由自在）"，称赞《玄真子》为"造化鼓吹"，即自然造化的交响乐，而名叫韦诣之人，还为其撰写了题为《内解》的注释。《太易》十五卷，从题名即可察知其书乃对《易经》的模仿。《易经》共六十四卦，而《太易》则由二百五十六卦组成，以"有无为宗（根本）"，人们称道《太易》为"碧虚金骨"，即宇宙的黄金构架。

同样以吉语为名的张鹤龄，是张志和的兄长，曾为浦阳县（今浙江浦江）官吏。由于担心弟弟浪迹不归——像浪花不留痕迹一般消失得无影无踪，因而张鹤龄特地在会稽东城之郊建一草堂，让张志和居于其中。会稽，即今天的浙江绍兴。张志和在那度过了十年闭竹门不开的隐居生活，官吏叫他去疏通河川，这种民夫干的事，他也拿着畚箕赶去参加，毫无愠色。科举出身的士人，应该不会被分配到这种徭役，必定是张志和为了不让世间知晓其存在，

第六章

一直过着隐姓埋名的生活。张志和想要一件用大布做的褐裘服。褐裘服，应是那种像大棉袍一样的衣服吧。嫂子知道之后，就帮他缝了一件，十年之间，张志和竟一直只穿这件衣服，即便盛夏也是如此。

虽然尽力不让世间知晓自己的存在，但张志和的名声却越传越广，并非无人问津。十余位文人用柏梁体的歌行，吟咏了张志和所住的草堂。汉武帝以香柏木为梁，建柏梁台，而柏梁体，即是源自吟咏柏梁台的七言联句。想必是因为张志和，文人们才把那用粗木搭成的草堂比拟为武帝的柏梁台吧。不仅如此，大历五年（770），陈少游作为越州即会稽的长官赴任此地。他听闻张志和的大名后，专程拜访了他，并将其所住的街坊命名为玄真坊。又因张志和门前的街巷肮脏狭隘，故出钱买地，建一大门，命名为回轩巷，还让十五位文士用柏梁体的歌行来赞美其人。回轩，即掉转马车而归。显贵之人拜访隐士，邀请他出来做官，而隐士却坚决不肯，贵人只好掉转马车而归，此即回轩的深层含义。另外，张志和门前有流水阻隔，陈少游又为之建桥，过往之人称其为大夫桥，而张志和则撰《告大夫桥文》以表谢意。

张志和常趿拉着豹皮的拖鞋或是鬃皮的凉鞋。"鬃"，是马的鬃毛，但在这里显然意思不通，或许是同音的"骢"字之误，"骢"指青白色的马。总之，他常趿拉着这样的鞋子，而且还披着褐裘服，这一身打扮真是奇离古怪。然后,他靠着"素木几",以"斑螺杯"来酌酒,有时"鸣榔杖,随意取适",用"榔"即长木杖敲打船舷,撑篙划船,随兴而游。在中国,渔父自古以来是自由之人的象征。《楚辞·渔父》中的渔父"避世隐身,钓鱼江滨,欣然自乐",曾歌唱道:"沧浪之水清兮,可以濯吾缨(官帽上的缨带);沧浪之水浊兮,可以濯吾足。"而《庄子·渔父》中的渔父,则把"道"的真意传授给孔子。不过,张志和"垂钓去饵,不在得鱼",钓钩上没放鱼饵,垂钓的目的并不是为了鱼。《南史·隐逸传》中寻阳太守孙缅遇见的渔父,跟张志和十分相似。日落时分,孙缅在江岸闲逛,看见一艘轻快的小舟在波浪中时隐时现。没一会,渔父就划了过来,是个举止十分潇洒的人。孙缅问:"有鱼卖乎?"渔父笑着答道:"其钓非钓,宁卖鱼者邪!"接着又说:"仆山海狂人,不达世务。未辨贱贫,无论荣贵。"说完,即唱着船歌,悠然地撑篙而去。在张志和的身上,我们也能看见这样的渔父形象。

肃宗曾下赐给张志和奴、婢二人,而志和则让他们结为夫妻,并给为奴的丈夫取名"渔僮",给为婢的妻子取名"樵青"。有人问他取名的寓意,张志和答道:"渔僮使捧钓(钓竿)收纶(钓丝),芦中鼓枻(划桨);樵青使苏(割取)兰薪(砍伐)桂,竹里煎茶。"肃宗赐给他奴婢,或许是因他献策有功。而尽管是后世之事,但值得

· 第六章 ·

一提的是，据北宋米芾《画史》记载，朱长文家中收藏有名为《颜鲁公樵青图》的唐人画作。虽然传说是张志和所作，但实际是无名氏的作品。朱长文，即是住在苏州乐圃坊的市井之贤——乐圃先生。不难推测，正因真卿与张志和的关系，所以后世才出现了这传为张志和所作的《颜鲁公樵青图》吧。

真卿《张志和碑》接下来所讲的，是下述之事。陆羽与名为裴修之人，问张志和与"何人往来"，张志和回答道："太虚作室而共居，夜月为灯以同照。与四海诸公未尝离别，有何往来？"把宇宙视作居室，我们共同住在其中；把夜月视作灯火，我们共同被其照亮；我和天下诸公未曾有片刻的分离，因而不需要跟谁有特别的来往。这就是张志和的回答。而对于在绘画创作时，张志和那癫狂的状态与惊人的力量，碑文有如下描写："性好画山水，皆因酒酣乘兴，击鼓吹笛，或闭目，或背面，舞笔飞墨，应节而成。"在饮酒的兴奋状态中进行创作，这在唐代书法家、画家中并不少见。如前所述，教授真卿笔法的张旭正是如此。而向张旭学习书法的吴道玄，也是"欲挥毫，必须酣饮"（《历代名画记》卷九）。另外，在真卿《怀素上人草书歌序》中，被视作张旭的第一继承人的怀素，据陆羽《僧怀素传》的记载，也是"饮酒以养性，草书以畅志，时酒酣兴发，遇寺壁里墙，衣裳器皿，靡不书之"。而张志和则略有不同，美酒之外，还加上了大鼓、笛子等乐器。

如上所述,颜真卿在碑文中,通过各种各样的角度,对张志和的形象进行了塑造。大历九年(774)秋八月,张志和"讯真卿于湖州",《张志和碑》终于写到了碑文撰写时的事情。首先登场的正是李崿,他拜托张志和制作缣帐(绢布帐子),而张志和便立即挥笔泼墨,"横抴而纤纩霏拂,乱抢而攒毫雷驰",纵横舒展的如棉絮般的墨痕,像雾水一样氤氲开来,而纵情挥洒的笔致,如闪电一般疾驰。眨眼之间,千变万化,隐隐约约似乎看到了东海中的仙岛蓬莱与方壶,又清清楚楚目睹了迷蒙的天空与海水结合到了一起。在场观看张志和创作的人均为之惊动。当时有六十余人在场,张志和一一询问其籍贯、年龄、姓字、排行(包含从兄弟的兄弟排行),在命人端来酒后,为每个人作了恰当的评语,写于芭蕉叶上。张志和顷刻间就写完了所有评语,而由两句所构成的评语,每一联均对仗工整。陆羽命画工绘成画卷,编次在一起。

张志和的小舟已破旧不堪,真卿想将其换成新船,张志和如此答道:"傥惠渔舟,愿以为浮家泛宅,沿溯江湖之上,往来苕(苕溪)、霅(霅溪)之间,野夫之幸矣!"真卿说他"其诙谐辨捷(幽默善辩),皆此类也",如此评价完后,用一"然"字转入到《张志和碑》的结尾。

"然立性孤竣,不可得而亲疏;率诚淡然,人莫窥其喜愠。视轩裳如草芥,屏嗜欲若泥沙。希迹乎大丈夫,

第六章

同符乎古作者，莫可测也。忽焉去我，思德兹深。曷以置怀？寄诸他山之石。"然而，他生性孤高，既不能亲近，又不能疏远；对待自身诚实且淡泊，谁也不能窥知他的喜怒哀乐。奢华的车马、衣裳在他眼中就像不存在一般，断然屏退了所有欲望。他想成为有志气的男子汉，并达到古代的艺术家的境界，他是一个高深莫测的人。但他却忽然消失了踪影，而我对他为人的思慕之情越发深厚。如何让世人记得他的事迹？我便将这篇文章刻于石碑，以寄托我的心绪。前文大意如上。

唐朱景玄《唐朝名画录》，将唐代的画家分为神品上中下、妙品上中下、能品上中下合共九等，而无法归入九等之中，即"格外不拘常法"的人，则视为逸品。而逸品三人之中，张志和正是其中之一，并有如下记载："张志和，或号曰烟波子，常渔钓于洞庭湖。初，颜鲁公典吴兴（湖州），知其高节，以《渔歌》五首赠之。张乃为卷轴，随句赋象，人物、舟船、鸟兽、烟波、风月，皆依其文，曲尽其妙，为世之雅律（典雅的模范），深得其态。"

据此，《渔歌》五首的作者是颜真卿，而受赠《渔歌》的张志和则以诗为题，分别作画，最后制成卷轴。但据五代南唐沈汾《续仙传》的记载，是真卿与诸人一同唱和《渔父词》，而《渔父词》原词"西塞山边白鸟飞，桃花流水鳜鱼肥。青箬笠，绿蓑衣，斜风细雨不须归"，乃张志和所作。诸人唱和之词（即由长短句所构成的韵文）共二十余首，张志和分别为之"写景夹词"，转瞬间便完成了五本的制作。顾名思义，《续仙传》是神仙的传记，该书将神仙分为"飞升"与"隐化"，其中"飞升"十六人中，排名首位的正是张志和。在真卿面前"忽焉去我"的张志和，《续仙传》对其有以下生动的描述。

真卿等人于湖州东的平望驿游玩，饮宴正酣之时，张志和铺席坐于水上，饮酒啸咏。席子发出了如同撑篙划船般的声响，或迟或速，滑行水上。不久，有白鹤由云间而来，盘旋在张志和顶上。正当众人感到惊讶之时，张志和挥着手向真卿告别，飞升于天空之中。

| 第七章 |

壮烈之死

《与李太保帖》

大历十二年（777），带着种种令人难忘的回忆，真卿离开了湖州之地。据殷亮《颜鲁公行状》记载，后来赴任湖州刺史的杨昱，"以旧府之恩，乘州人之请"，在州门之外，树立了由陆长源撰文，记录真卿遗事的《去思碑》。杨昱曾在湖州刺史颜真卿手下担任判官，"旧府之恩"指的正是这层关系。真卿在湖州刺史之位，合共四年，离任后返回长安任刑部尚书一职，相当于日本的法务大臣。真卿之所以能重返长安，是因为宰相元载，于此年四月终因专横之罪而被诛杀。元载，正是将原本任职尚书右丞的颜真卿驱逐到地方官的罪魁祸首。与元载相敌对的杨绾，取代元载升任宰相，而真卿得到了杨绾的推举。

此年，真卿已六十九岁，时隔十一年重返长安。《与李太保帖》，即寄给李太保的一系列书信，作为当时的作品，流传到了今日。《与李太保帖》的内容十分有趣，借之可以窥见真卿的日常生活，以下对其中数封加以介绍：

> 拙于生事（不谙世故），举家食粥来已数月，今又罄竭，只益忧煎。辄恃深情，故令投告（故托人将信寄给您），惠及少米，实济艰勤，仍恕干烦也。真卿状。

关于这封书信，北宋欧阳修有如下记述：该法帖的墨本真迹，原藏于亡友王子野（王质）家。王氏虽然是出过宰相的名门，但生活之清贫，甚至超过了贫穷士族。王子野曾令人摹写本帖，刻于石上，并将其拓本赠予朋友知交。他这样说道："鲁公为尚书，其贫如此，吾徒安得不思守约（俭约）？"（《集古录跋尾·颜鲁公法帖》）而南宋王应麟则有如下之论："盖自元载制禄（制定俸禄体系），厚外官（地方官员）而薄京官（中央官员）。京官不能自给，常从外官乞贷。杨绾既相，奏加京官俸。鲁公以绢荐，自湖州召还，意者俸虽加而犹薄欤？"（《困学纪闻》卷一四《考史》）一般来说，较之外官，想成为京官的人更多，而元载害怕京官人数的增加会威胁自己的地位，故削减京官的俸禄，以抑制京官的人数。

又有如下一封书信：

第七章

  阴寒，不审太保所苦（病情）何如？承渴（糖尿病症状）已损，深慰驰仰。所检《赞》犹未获，望于文书内细检也。病妻服药，要少鹿肉脯。有新好者，望惠少许，幸甚幸甚！专驰谒（请让我尽快拜谒您）。不次谨状。二十九日，刑部尚书颜真卿状，上李太保大夫公阁下。谨空。

在寄给李太保的其他书信中，有"《千手赞》，检得未帖之"的内容，因而这里的《赞》，应该是指《千手赞》。不过，《千手赞》又是什么呢？想来应该与佛教的千手观音有关，只得阙疑。鹿肉脯，即鹿肉干。这一愿望似乎最终得以实现，在真卿的其他书信中，有"惠及鹿脯，甚慰所望"的文字。"不次""谨空"，均是书信用语，"不次"相当于"草草不尽"之意，而"谨空"则是说留下空白，希望对方批评指正。

话说李太保，应该就是大历四年（769）拜命太子太保的李光进。李光进，是李光弼的弟弟，安禄山叛乱之际，李光弼曾与郭子仪一同转战于河北之地。李光弼逝于广德二年（764），真卿为其撰神道碑。在碑文中，真卿回忆自身与李光弼的关系，说："真卿昔守（担任太守）平原，困于凶羯（安禄山）。繄公茝止，获保馀生。"并且，真卿还提到了李光进，对他的为人有如此评价："清识表微，沉谋绝众，刚亦不吐，柔而能立（清澈的见识洞彻细微，沉着的谋略超越众人，遇到刚硬之物也不畏惧，态度柔软灵活却严于律己）。"

《礼仪集》

大历十三年（778），迎来七十寿辰的颜真卿遵循"七十而致仕"这一儒家经典的规定，请求辞去官职却未得朝廷允许，反而升任吏部尚书。真卿之所以从刑部尚书升任至负责官员人事的吏部尚书，是因其上奏的"选举利害事宜"（关于官员考核的利害得失的具体方案）数十条受到朝廷认可，但现在无从考知其上奏的具体内容。

翌年大历十四年（779）五月，代宗驾崩，德宗即位，其时真卿充任礼仪使，向朝廷提出了数则有关礼制的意见。自玄宗以来，有关礼制的仪注往往有不备之处，因而朝廷向能因时制宜、精通古今之事的博学之士征询意见，特别是对于礼仪使来说，这被视为重要的任务。

首先，以颜真卿《论元皇帝祧迁状》为例，元皇帝，即唐王朝的开国皇帝高祖李渊的父亲李昞，该文是讨论代宗驾崩后宗庙的祭祀问题。真卿认为，应遵从"天子七庙"之礼，将此前祭祀于宗庙的元皇帝移至夹室（侧室）中。朝廷采纳了这一意见，最终"受命于天，始封于唐"的太祖景皇帝（李渊的祖父，北周时被封为唐国公的李

· 第七章 ·

虎），"国朝首祚"的开国皇帝高祖，以及代宗的"七代之祖"太宗，三人之庙作为不毁庙，即使世代更替也不撤去其庙。而三人之外，再加上高宗、玄宗、肃宗、代宗四人，合共七人被立庙祭祀。

其次要介绍的是《请复七圣谥号状》一文。七圣，即唐王朝的高祖、太宗、高宗、中宗、睿宗、玄宗、肃宗这七位皇帝。真卿不满皇帝驾崩后所赠的谥号逐渐变得夸张虚饰，认为应当改用简朴的谥号，这即是全文的主旨所在。在此参照《请复七圣谥号状》以及《旧唐书》的记载，将其大要摘录于下：

古代的帝王，如夏朝的禹王，殷商的汤王，周朝的文王、武王，均是以一字为谥，称"文"则不称"武"，称"武"则不称"文"。然而唐朝又是如何？高宗上元元年（674）八月，原谥"大武皇帝"的高祖，被改谥为"神尧皇帝"；原谥"文皇帝"的太宗，被改谥为"文武圣皇帝"（《旧唐书·高宗本纪》）。而到玄宗末年，甚至"有加至十一字者"。是否如真卿所言，存在十一字之多的天子谥号，暂时无从考知，但唐朝皇帝谥号的字数，确实是不断增加。玄宗天宝十三载（754）二月，高祖至睿宗等五位皇帝，被加赠谥号；如高祖为"神尧大圣大光孝皇帝"，太宗为"文武大圣大广孝皇帝"，谥号增至七字之多（《旧唐书·玄宗本纪》）。真卿认为，睿宗之前的四位皇帝，应改从初谥（最初所赠的谥号），即高祖为武皇帝，太宗为文皇帝，高宗为天皇大帝，中宗为孝和皇帝；并且，睿宗及其后的三位皇帝，其谥号也宜省改，即睿宗为圣真皇帝，玄宗为孝明皇帝，肃宗为孝宣皇帝。

说到谥号，真卿对于臣下的谥号，也表达了自己的意见。此事发生在《请复七圣谥号状》之前，肃宗上元元年（760），朝廷想要赠予吏部尚书韦陟"忠孝"之谥，命群臣讨论。时任刑部尚书的真卿提出了反对意见，认为"忠"是"以身许国，见危致命（把自身献给国家，并在国家危难之时献出生命）"，"孝"是"晨昏色养，取乐庭闱（日夜照料双亲以尽孝养，并让父母心情愉悦）"，韦陟的谥号不宜并用"忠""孝"这种高评价的文字（《旧唐书》卷九二《韦陟传》）。

朝臣之中，对于礼制有独到见解之人甚少，因而百官审议《请复七圣谥号状》之时，儒学之徒对此一致表示赞同。不过，武官出身的袁傪却奏言"陵庙玉册、木主皆已刊勒，不可轻改"。尽管仅有一人反对，但朝廷却因此驳回了真卿的建议。玉册，即刻有祭文的玉简；木主，即木制的牌位。其实，由高祖至睿宗等五位皇帝纳入帝陵的玉册，上面刻的均是简朴的初谥，袁傪不学无术，才提出了像这样的反对意见。

在抚州刺史时期，成为真卿弟子的左辅元，将真卿关于仪注的论议，编成了十卷之书。《行状》称其书为《礼仪集》，而《新唐书·艺文志》则称之为《礼乐集》。

卢杞的奸计

真卿为颜氏一家撰写《世系谱》，为父亲惟贞撰写神道碑，即《颜氏家庙碑》，均是在建中元年（780），七十二岁之时。这或许是因为人到晚年，身份认同感也变得越发强烈了吧。然而年过七旬的真卿，终究无法安稳无事地度过晚年。岂止是不能安稳无事，应该说是具有决定性的致命悲剧，最终降临在了真卿的身上。真卿丝毫未改其年轻时的刚正本色，而这却导致了他与宰相卢杞的冲突，并成为了悲剧的导火索。

与卢杞一样担任御史中丞，并且作为能干的财务官僚，身负国政要务的杨炎也与真卿不和，因而作为吏部尚书的真卿，被移任至太子少师之官。建中二年（781），卢杞通过对杨炎的诽谤，使其下台，从而大权在握，这使得颜真卿的处境愈发变得险恶。尽管暂时由二品的太子少师升任至一品的太子太师，但不过是个闲职，而且打心里厌恶真卿的卢杞，还罢免了真卿礼仪使一职。不仅如此，卢杞还对真卿这样说道："方面之任，何处为便？"想再次把真卿逐出中央。真卿答道："真卿以褊（气量狭小）为小人所憎，窜逐非一（一再被贬地方）。今已羸老，幸相公庇之。"继而又言："相公先中丞传首至平原，面上血真卿不敢衣拭，以舌舐之，相公忍不相容乎？"卢杞的父亲卢奕曾在东都洛阳担任御史中丞。天宝十四载

（755）十二月，安禄山攻占洛阳，作为祭旗的牺牲品，卢奕以及尚书李憕、判官蒋清遭到处决。三人的首级被送至时任平原太守的颜真卿之处，而真卿郑重地为其举行了葬礼。以上已见于第三章所述。真卿的话直刺对方肺腑，卢杞不禁从座位上站了起来，向真卿下拜，然而被戳到痛处的卢杞，却愈发对真卿感到愤怒。

卢杞是一个阴险之人，连威望极高的将军郭子仪也怕他三分。郭子仪卧病在床，尽管探望他的百官接连而至，但从未让身边的侍女退下。然而听闻卢杞要来，郭子仪却让侍女全部退下，一个人靠在几上等候。家人问他为何如此，郭子仪说："（卢）杞形陋而心险，左右见之必笑。若此人得权，即吾族无类（没有残存之人）矣。" 崔祐甫担任宰相的德宗建中初年，以宽大的道德主义为政治方针，时人期待着贞观之治会再次到来。唐朝第二代皇帝太宗时期的贞观之治，当时被视为理想的政治典范。然而，卢杞任宰相之后，却一改从前，以刑罚主义为政治方针。以上，是《旧唐书·卢杞传》（卷一三五）对卢杞的总结性的评价。另外，当时还有这样的酷评："（卢）杞作相三年，矫诬阴贼，排斥忠良，朋附者欸唾立至青云，睚眦者顾盼已挤沟壑。"《新唐书》将其父卢奕收入《忠义传》，而将卢杞收入《奸臣传》，由此不难窥知其背后的原因。

对颜真卿恩将仇报的卢杞，适逢淮宁节度使李希烈攻

第七章

陷汝州（州治梁县，今河南汝州），他便抓住这个机会向德宗进言，让真卿作为朝廷的使者去劝降李希烈。李希烈是活动于今河南省及其周边地区的军阀统领，对于向朝廷举起反旗的诸藩镇来说，他就如同盟主一般。李希烈原本是以蔡州（州治汝阳，今河南汝南）为镇所的淮西节度使李忠臣麾下的将领，其后他驱逐李忠臣，自己坐上了节度使之位。大历十四年（779），淮西节度使改名淮宁节度使。最初，他对朝廷颇尽忠勤，然而却渐渐有了反心，建中三年（782），他将镇所由蔡州移至许州（州治长社，今河南许昌），自称"天下都元帅·建兴王"。随后，翌年建中四年（783）正月，其麾下将领攻陷汝州，作为唐王朝副都的东都洛阳，一时间变得岌岌可危。

德宗问卢杞为何举荐真卿，卢杞答道："希烈年少骁将，恃功骄慢，将佐莫敢谏止。诚得儒雅重臣，奉宣圣泽，为陈逆顺祸福，希烈必革心悔过，可不劳军旅而服。颜真卿三朝旧臣，忠直刚决，名重海内，人所信服，真其人也！"前往李希烈之处，其实是件危险的差事，这正是卢杞为报复真卿所玩弄的奸计。然而，德宗却听信了卢杞的话，得知德宗这一决定的一众朝臣均惊恐失色。

接到命令的真卿，在前往许州的途中，于洛阳暂歇。洛阳的长官，河南尹郑舒则劝谕真卿，说李希烈造反之心已人所皆知，因而不如暂留洛阳，等待朝廷进一步的指示。而真卿却说"君命也，将焉避之"，并未听从郑舒则的意见。另外，镇守汴州（州治浚仪，今河南开封）的军政长官李勉上表朝廷，说"失一元老，为国家羞，请留之"，又派人去迎接真卿，想把他留在自己这里，然而却晚了一步，失之交臂。虽然是后来之事，但在此值得一提的是，终于察觉到卢杞乃奸邪之人的德宗，曾这样询问李勉："众人论杞奸邪，朕何不知？"李勉答道："卢杞奸邪，天下人皆知，唯陛下不知，此所以为奸邪也。"

在李希烈处

颜真卿来到了李希烈处，而他在那所经历的，是常人无法想象的胆战心惊之事。

与李希烈的初次会见，真卿刚要宣读皇上诏旨，大将王玢和周曾破口大骂，并用剑抵在真卿脖子上。而号称李希烈养子，超过千人的亲卫队，也各自抡起白晃晃的大刀，向着真卿冲了过来，其架势仿佛是要咬死他一般。《资治通鉴》胡三省注云："李希烈养壮士为子，谓之养子。"不过，不单是李希烈，当时的节度使也常常与士兵结成父子关系，故称之为"养子"，而李希烈自己原本也是李忠臣的养子。置身于险境之中的真卿，此时浮现在他脑海里的，或许是被安禄山大卸八块的从兄杲卿？还是时代更为久远的，于隋末叛乱之际，惨遭朱粲（以食人而闻名的豪强）杀害的颜愍楚（颜之推的次子）？但真卿并无

第七章

丝毫胆怯。看到颜真卿不为所动,李希烈故作震惊,用自己的身子挡在真卿前面,并命令众人退下,暂时把真卿迎接到馆舍中。

李希烈伪造真卿自笔的奏疏,让随真卿而来的侄子颜岘等人,陆陆续续地带去长安。奏疏的内容是,李希烈向朝廷表明了恭顺之意,故可命其兼任汴州刺史,然而朝廷那边却没有任何答复。真卿应该是做好了最后的准备,在给儿子们的私信中,真卿吩咐他们守护好祭祀先祖的家庙,照顾好颜氏一族的孤儿,除此之外,再无他言。有一回,李希烈招集朋党,举办盛大的宴会,并邀请颜真卿参加。宴会上,李希烈让演员表演嘲弄朝廷的戏,颜真卿说:"相公,人臣也,奈何使此曹如是乎!"李希烈只好作罢。

将真卿送回长安,李希烈并非没有想过,但李元平却对此极为反对。从头说起的话,得到卢杞推举当上宰相的关播,高估了李元平的能力,由于汝州距离李希烈的大本营许州很近,因而将汝州的守卫任务托付给了他。谁知李元平却中了李希烈军的诡计,被押送至许州。并且在押送之际,李元平因过于惊恐而失禁,他真是个胆小鬼。当初就是因为汝州陷落,真卿才作为朝廷的使者前往李希烈之处,不承想李希烈为了拉拢真卿,竟派李元平来做说客。真卿严厉地斥责李元平:"尔受国委任,不能致命,顾吾无兵戮汝,尚说我邪?"作为报复,李元平向李希烈进言,说应当一直把真卿关押在此，从而使李希烈改变了心意。而李希烈的心中，也由此萌生出要好好利用颜真卿的坏主意。

没过多久，由朱滔、王武俊、田悦、李纳所派来的四位使者来到了李希烈处。朱滔是以幽州为镇所的卢龙节度使；王武俊是以恒州（今河北正定）为镇所的恒冀都团练观察使；田悦是以魏州（今河北大名）为镇所的魏博节度使；李纳是以青州（今山东青州）为镇所的平卢节度使李正己之子，父亲死后，李纳奏请继承父亲之位，但未获朝廷批准。朱滔称冀王，王武俊称赵王，田悦称魏王，李纳称齐王，四人各自称王，而"王"是仅下于皇帝一等的称号。四人之中，王武俊原是安禄山、史思明部下李宝臣的副将，而田悦也是安禄山、史思明部下田承嗣的侄子。安史之乱，虽因史朝义之死而暂告一段落，但承继其后的武人势力却如上述这般难以根除。《资治通鉴》宝应二年（763）正月条云"朝义首至京师"，记录了史朝义首级送至长安一事。然而紧接其后的，则是关于朝廷重新任命史朝义军降将的记载：薛嵩任相、卫、邢、洺、贝、磁六州节度使，田承嗣任魏、博、德、沧、瀛五州都防御使，李怀仙任幽州卢龙节度使。胡三省注云："河北藩镇，自此强傲不可制矣。"

冀王朱滔等四王是为了劝进作为四王盟主，自称"天下都元帅·建兴王"的李希烈称帝，故派遣四位使者前

第七章

来。"朝廷诛灭功臣,失信天下。都统(李希烈)英武自天,功烈盖世,已为朝廷所猜忌,将有韩、白之祸。愿亟称尊号,使四海臣民知有所归。""韩"指的是被汉高祖斩杀的开国功臣韩信,"白"指的是被秦昭王赐死的将军白起。

接到四王劝进请求的李希烈招来真卿,如此说道:"今四王遣使见推,不谋而同,太师观此事势,岂吾独为朝廷所忌无所自容邪!"真卿是唐王朝的太子太师,故李希烈称之为太师。真卿立刻答道:"此乃四凶,何谓四王!相公不自保功业,为唐忠臣,乃与乱臣贼子相从,求与之同覆灭邪?"真卿将朱滔等人比作四凶,即被舜帝所放逐的共工、骧兜、三苗、鲧这四个恶人。

后日的宴会中,四位使者对李希烈说:"久闻太师重望,今都统将称大号(帝号)而太师适至,是天以宰相赐都统也。"都统,即自称天下都元帅的李希烈,使者们把李希烈推尊为皇帝,又推举真卿去担任新政府的宰相。同在宴席之中的颜真卿如此责难道:"何谓宰相!汝知有骂安禄山而死者颜杲卿乎?乃吾兄(从兄)也。吾年八十,知守节而死耳,岂受汝曹诱胁乎!"

《蔡州帖》

觉得颜真卿已无利用价值的李希烈，将真卿幽禁于馆舍，命令全副武装的士兵十人来监视他，还扬言要活埋真卿，令人在中庭挖了一丈见方的坑。而真卿却泰然自若地说："死生已定，何必多端？亟以一剑相与，岂不快公心事邪！"不劳你李希烈下手，真卿我自会作一了断。

不过，王玢和周曾等人，即真卿刚到许州时，用剑威胁他的李希烈麾下的将军们，正暗地里谋划着袭击李希烈，然后推举真卿为节度使。但这一密谋却以失败告终，真卿也被送到蔡州龙兴寺关押。在被称为《移蔡帖》的书信中，真卿写道："真（贞）元元年（785）正月五日，真卿自汝移蔡。"据此，真卿应该是先从许州移至汝州，然后才由汝州移至蔡州。

拘禁在李希烈处的颜真卿，关于他的情况，长安城里的人也并非毫不知情。由张荐的上疏（《新唐书》卷一六一《张荐传》）即能窥知这一点。张荐是张鷟之孙，张鷟《游仙窟》一书传到日本后颇受欢迎。真卿十分欣赏张荐的文学才华，当时张荐正担任史馆修撰一职，负责史书的编纂。张荐在上疏中说，真卿接到前往李希烈处的命令，即立刻返家准备，没来得及睡上一晚，便匆匆忙忙地从长安出发。然后张荐这样写道："冒奸锋于临汝（汝州），折元恶（大恶）于许下（许州）。捐躯杖义，威诟群凶，遂令胁制者回虑，忠勇者肆情。周曾奋发于外，韦清伺应于内，希烈苍黄（仓皇）窘迫，奔固旧穴（老巢），盖真卿义风所激也。"韦清，是李希烈麾下的得力干将，与周曾、王玢、姚憺合称"四公子"。从张荐的上疏来看，他应该是答应了周曾等人，作为袭击李希烈的内应。其后，张荐向朝廷提出了以下建议：现在，李希烈母亲最疼爱的幼子，以及希烈妻子的祖母与妹妹，均作为人质，拘禁在长安。与其白白将三人拘禁在此，不如用他们来换回真卿。李希烈深知真卿在世间的威望，只是对于释放真卿一事，犹豫未决。因而，"若归其亲爱，贼亦何吝还一使哉！"最后张荐这样写道：真卿曾令侄子颜岘及家童、从官等同行之人，将自己的奏疏带往长安，共计五次之多，然而这些奏疏却被扣留在内客省，未能上达天听。儿子颜頵颇为担忧父亲真卿的安危，朝廷似应让他看看父亲的奏疏，以解忧怀。内客省，设置于东内即大明宫中，是处理地方上奏的官署。张荐的这封上疏，由于卢杞从中作梗，最终未能奏闻皇帝。

已经做好最后准备的真卿，写下了遗表即临终前的奏疏，又自己撰写了埋在坟墓里的墓志及献于灵前的祭文，指着寝室西边的墙根说："吾殡所（停放灵柩之处）也。"另外还有《蔡州帖》，据说是真卿"题驿舍壁"的文字，他这样写道："真卿奉命来此，事期未竟，止缘忠勤，无有旋（撤退）意。然中心悢悢（惆怅），始终不改，游于波涛，宜得斯报。千百年间，察真卿心者，见此一事，知我是行，亦足达于时命（命运）耳。"最后，真卿又加上了一句："人心无路见，时事只天知。"人心无从窥知，而"时事"，即世间之事，也就是说，世间之事变幻无常，只有老天爷才能知晓。

稍早之前，建中改元为兴元，兴元元年（784）正月元旦，德宗于奉天（今陕西乾县）行宫宣布大赦天下，而李希烈、田悦、王武俊、李纳等人之罪也得到了赦免。宣布大赦的地点为何在奉天行宫而不是长安？这是因为去年，即建中四年（783）十月，李希烈进攻襄城（今河南襄城），朝廷派遣泾原节度使姚令言的部队，由泾州（今甘肃泾川）前往增援，谁知在途经长安时发生哗变，士兵们推举朱泚为领袖。朱泚在当时声望颇高，是卢龙节度使朱滔之兄。因此，德宗不得不离开长安，首先将行宫设置于奉天，后又设于梁州（今陕西汉中），至兴元元年七月才终于回到了长安。德宗的大赦，其目的是怀柔抵抗朝廷的藩镇，而田悦、王武俊、李纳三人也响应朝廷号召，废除了王号。然而，充满野心的李希烈却仗着兵力与财力，图谋称帝。为了给称帝做准备，他命人向真卿询问即位之礼。真卿装糊涂说："老夫耄矣，曾掌国礼，所记者诸侯朝觐礼耳。"不久，李希烈终究僭越称帝，国号大楚，年号武成，将汴州作为首都，称大梁府，设置朝廷百官，并任命李元平为宰相。

第七章

　　李希烈担心蔡州有变,派遣将军辛景臻、安华至颜真卿处,吩咐二人堆积柴薪,注之以油,若真卿"不能屈节,当自烧"。而真卿毫不畏惧,想要奋身扑火,辛景臻等人哪见过这般情景,赶忙拦住了真卿。尽管逃过此劫,但不久之后,真卿的死期最终降临。

　　某日,一个宦官来到了蔡州龙兴寺。兴元元年(784)五月,朱泚之乱被朝廷镇压,李希烈之弟李希倩作为朱泚同党,亦被诛杀。李希烈对此十分愤恨,故派使者来杀害真卿,以报复朝廷,而这个宦官正是李希烈的使者。使者说"有敕",真卿恭恭敬敬地拜了两拜。使者说"宜赐卿死",真卿问道:"老臣无状,罪当死,然不知使人何日从长安来?"使者答道:"从大梁来。"真卿骂道:"乃逆贼耳,何敕耶!"真卿便被人用绳索套在脖子上,遭缢杀而死。据殷亮《颜鲁公行状》,此事发生在贞元元年(785)八月二十四日,真卿时年七十七岁。

　　翌年,贞元二年(786)四月丙寅(二日),李希烈被手下将领陈仙奇毒杀。由于陈仙奇取代李希烈担任淮西节度使,因而真卿的灵柩得以送返长安。为迎接灵柩,真卿的嗣子栎阳县(今陕西临潼)县尉颜頵和次子秘书省正字颜硕奔赴汝州襄城,并将真卿暂时埋葬在此。其年十一月三日,真卿最终归葬于万年县凤栖原(位于长安城以南)的先祖墓地中。

长眠九泉的颜真卿

得知真卿惨遭李希烈杀害,作为江西节度使的嗣曹王李皋上表朝廷。嗣曹王李皋,是太宗十四子之一曹王李明的玄孙,建中三年(782)以来,担任江西节度使、洪州刺史。见于殷亮《颜鲁公行状》引用的这篇上表文,认为动手杀害真卿的是辛景臻及安华:

> 臣见蔡州归顺脚力(传递文书或运输货物的工人)张希璨、王仕顒等说,去年八月二十四日,蔡州城中见封(坟墓)。有邻儿不得名字,云:"希烈令伪皇城使辛景臻、右军安华,于龙兴寺杀颜真卿,埋于罗城(环绕内城的外城)西道南里,并立碑。"臣听之未毕,涕泗交流,三军对臣,亦苦呜咽。
>
> 且臣死王事,子复父仇,人伦常经,不足褒异。所悲去古日远,浇风荡浮(社会风气轻薄),多苟偷生,曾不顾节,使忠孝寂寞,人伦憔悴。昨段秀实奋身击(朱)泚首,今颜真卿伏缢烈(李希烈)庭,皆启明君臣,发挥教训,近冠青史,远绍前贤。夫日月丽天,幽明向烛(日月出现于天,黑暗中的民众被其照亮);忠烈曜世,回邪革心。伏请陛下,降议百察(百官),遐布九有(九州,即天下),刻石颂德,告庙图形(制作图像)。使玄壤(逝者)感恩,皇风泽物。

第七章

与真卿相提并论的段秀实,其事迹如下:占领了长安的朱泚,猜测被解任泾原节度使一职的段秀实一定对朝廷有所不满,因而劝诱他一同参与叛乱。段秀实假装答应了朱泚的邀请,得以面见朱泚。正当二人会面之时,段秀实大骂朱泚是"狂贼",并出手击伤了他,然而最终被朱泚的手下当场杀害。

真卿的遗骸被送到长安时,德宗为表示哀悼之思,暂停朝会五日,赠真卿"文忠"之谥,并下诏书云:

> 故光禄大夫·守太子太师·上柱国·鲁郡公颜真卿,器质天资,公忠(公明忠诚)杰出,出入四朝(玄宗、肃宗、代宗、德宗四代),坚贞(节操坚固)一志。属贼臣(李希烈)扰乱,委以存谕,拘胁累岁(将招抚的工作交给了真卿,却遭拘禁胁迫,达数年之久),死而不挠,稽其盛节,实谓犹生。朕致贻斯祸,惭悼靡及,式崇嘉命,兼延尔嗣(是朕导致了这一灾祸,惭愧哀悼也难以挽回,因而加封你高官厚爵,并兼及你的子嗣)。

于是,朝廷追赠真卿司徒之官,并下赐布帛五百端,而颜頵与颜硕在终丧之后,也分别被授予了适当的官秩。

| 终章 |
书与人

后世对颜真卿的评价

南宋晁公武所著图书目录《郡斋读书志》中，著录有"《颜真卿文》一卷"，并附有解题。将该解题作为本书的极简的示意图，似乎也没有太大问题："代宗时（当为"德宗"之误），为太子太师，使李希烈，为希烈所害。世谓真卿忤杨国忠、李辅国、元载、杨炎、卢杞，拒安禄山、李希烈，废斥者七八（被废黜屏斥七八次），以至于死，而不自悔，天下一人而已。而学问文章，往往杂神仙、浮屠之说，不皆合于理，而所为乃尔者，盖天性然也。"

上述的文字，由于是真卿文集的解题，因而没有提及他的书法，自是当然，但令人意外的是，两《唐书》关于颜真卿的书法的记述也相当之少，不知应如何解释。除《旧唐书》卷一二八《颜真卿传》"少勤学业，有词藻，

・终章・

尤工书"这些许记载之外，就只剩下《文苑传·李华传》"华尝为《鲁山令元德秀墓碑》，颜真卿书，李阳冰篆额。后人争模写之，号为四绝碑"这一段文字。而《新唐书》也同样如此，唯卷一五三《颜真卿传》"善正、草书（楷书、草书），笔力遒婉（刚劲且优美），世宝传之"，及《文苑传·张旭传》"传其法，惟崔邈、颜真卿云"两则记载而已。

这与《晋书·王羲之传》相比，不能不说两者有很大不同。现行的《晋书》，是唐太宗贞观年间，以当时尚存的十几种晋代史为基础所编纂而成的。《晋书》之所以被视为太宗御撰，不仅是因为其书编纂乃由于太宗敕命，而且全书一百三十卷中，卷一《宣帝纪》、卷三《武帝纪》、卷五四《陆机传》及卷八〇《王羲之传》合共四卷的论赞，皆为太宗亲自撰写。而《王羲之传》中有不少书法相关的文字，尤其是太宗执笔的论赞，自始至终均是对书法的评论，并且酷爱王羲之书法的太宗，还给予其"尽善尽美"这一最高评价。然而两《唐书》中《颜真卿传》的论赞，对于真卿的书法却无只言片语。

不知是否受到了嗣曹王李皋上表的影响，《旧唐书》也好《新唐书》也好，均将段秀实与颜真卿二人的事迹合并为一卷，收入《列传》之中。对于两《唐书》来说，颜真卿是与段秀实最为相称的节义之士，因而把两人事迹收入同一卷中。而《旧唐书》的论赞，将二人作为代表文武两道的英杰，有如下评论。论赞以字尊称二人，成公，是段秀实之字；清臣，是颜真卿之字：

> 如成公孝于家，能（有能力）于军，忠于国，是武之英也。苟无杨炎弄权，若任之为将，遂展其才，岂有朱泚之祸焉！如清臣富于学，守其正（正道），全其节（节义），是文之杰也。苟无卢杞恶直，若任之为相，遂行其道，岂有希烈之叛焉！夫国得贤则安，失贤则危。德宗内信奸邪，外斥良善，几致危亡，宜哉。噫，"仁以为己任，不亦重乎？死而后已，不亦远乎？"（《论语·泰伯》）二君守道殁身，为时垂训，希代之士也，光文武之道焉。

而《新唐书》的论赞如下：

> 唐人柳宗元称："世言段太尉（段秀实），大抵以为武人，一时奋不虑死以取名，非也。太尉为人姁姁（稳重），常低首拱手行步，言气卑弱，未尝以色待物，人视之，儒者也。遇不可，必达其志，决非偶然者。"宗元不妄许人，谅其然邪，非孔子所谓"仁者必有勇"（《论语·宪问》）乎？

柳宗元之语，出自《段太尉逸事状》，该文是作为

史书编纂材料进呈史馆的行状。接下来,则是对于真卿的论赞:

> 当禄山反,哮噬无前(咆哮狂咬之势,无人敢阻挡),鲁公(真卿)独以乌合婴其锋(冒其锋芒),功虽不成,其志有足称者。晚节偃蹇(困顿),为奸臣所挤,见殒贼手。毅然之气,折而不沮(不屈),可谓忠矣。

在分别评论完二人之后,《新唐书》论赞有如下总结:

> 详观二子行事,当时亦不能尽信于君(不能被君主完全信任),及临大节,蹈之无贰色,何耶?彼忠臣谊士(义士),宁以未见信望于人,要返诸己得其正,而后慊于中(信服于心)而行之也。呜呼,虽千五百岁,其英烈言言,如严霜烈日,可畏而仰哉!

如上所引,两《唐书》的论赞,始终是将真卿作为一个纯粹的节义之人来加以叙述,因而与《晋书》对王羲之的处理不同,两《唐书》言及真卿的书法之处不过寥寥。与王羲之相同,在世之时,真卿作为书法家的名声已十分之高,由《旧唐书·李华传》关于四绝碑的记载即可窥知一端，但因真卿作为节义之人的名声实在太高，以至于盖过了其作为书法家的名声。

令狐峘《颜鲁公神道碑》也是如此。对真卿书法的叙述，不过是"善隶书（楷书），书格劲逸（书风遒劲奇崛），抗行钟、张（与钟繇、张芝不相上下）"一句而已。而碑文的结尾，令狐峘用了许多文字，想要塑造的是如下的真卿形象：

> 自登朝（出仕）及作藩牧（地方官），常以安居厚俗为务，奖善伐恶为志。言非至公，不发于口；事非直道（正道），不几于心（不萌生于心）。植操则夷齐之高也（节操如同伯夷、叔齐般高洁），理戎则羊陆之仁也（管理军政如羊祜、陆抗般有人情味），当朝则汲黯之正（有正义感）也，莅下则廉范之通（灵活变通）也。蕴是具美，行乎至俭，强暴莫敢冲（反抗），千飙（狂风）不能动。大义久废，公起之；醇风久醨（轻薄），公还之。苟非贤人之业，何以臻此？

伯夷与叔齐，是为了抗议周武王夺取殷王朝，逃到首阳山，最终饿死的隐者兄弟。羊祜是西晋的将军，陆抗是吴国的将军，尽管是敌对关系，但两人间有着深厚的信赖关系。据说羊祜收到陆抗送来的酒，便一饮而尽，从未担心酒中有没有被人下毒。而陆抗卧病在床时,收到羊祜送来的药,他也毫不犹豫地服用。汲黯是西汉人,有"好直谏,守节死义"的评价。廉范是东汉人,以往蜀郡为了防止火灾,禁止民众在夜间工作,而廉范担任蜀郡太守后,通过让民众储备防火用水,从而废除了禁令,这使得民众的生活更为富足,因而倍受百姓爱戴。

> 然虚己下士,不以名位(名声地位)自高。苟有道者,蓬门鹑衣(生活贫穷,衣衫褴褛),必与抗礼(以平等的礼仪相待)。在平原,尝荐安陵处士张镐有公辅之量(有辅佐天子的三公四辅的器量),数年间镐位列鼎司(重臣之位),论者称之。

据两《唐书》中《张镐传》记载,他并非安陵(今陕西咸阳东北)人,而是博州(今山东聊城)人。《旧唐书》(卷一一一)谓其"自入仕凡三年,致位宰相",《新唐书》(卷一三九)谓其"起布衣,二期至宰相"。

> 善与人交,执友之子,义均甥侄(对待友人的儿子,如同自己的甥、侄)。介操所至,不迁其守。刚而中礼,介(狷介)而容众。静而无闷(愤懑),动而有光。便于己,希权幸(阿谀奉承)不为也;君有命,蹈汤火不辞也。心在弭乱,不在功;志图报国,

不图生。故其杀身成仁，视死如归。虽汉之龚胜，魏之王经，无以加焉。

龚胜是西汉末年之人，王莽篡汉，有人怂恿龚胜出仕做官，他说不能"以一身事二姓"，遂绝食而死。王经是三国魏人，为魏国君主高贵乡公恪尽忠节，后被图谋篡国的司马昭所杀。其母亦是刚毅的女性，王经被处死前与母亲告别，她脸色不为之变，笑着答道："人谁不死？"

昔卫铭孔悝，鲁颂僖公，载在礼经，形于雅什。金以为公之事君事亲，爱敬直清（亲爱恭敬之情向来真诚坦率），跬步不忘，德充也；服义戴仁，颠沛以之，行极也；探赜儒府，述古立言，文经（经略）也；勤劳王家，靖难安仁，武功也。

孔悝是卫国大夫，卫庄公为表彰孔悝一族世世代代为国尽忠，命人制作铭文，刻于鼎上，事见《礼记·祭统》。《诗经·大雅·鲁颂》[①]共收诗四首，根据各诗之前的序文，四首诗均是歌颂鲁僖公政治功绩的作品。令狐

---

① 译者注：《鲁颂》于《诗经》不属《大雅》，此为《诗经·鲁颂》之误。《颜鲁公神道碑》的"雅什"盖泛指《诗经》，并非专指《大雅》。

峘在写完上述内容后,以"颂声不昭,后嗣何观"为结,即为了颂扬真卿的功德,因而制作了这一神道碑。令狐峘是令狐德棻的玄孙,令狐德棻对于初唐高祖、太宗、高宗时期的文教政策,特别是典籍编纂,有着巨大的贡献,而《颜鲁公神道碑》上则记有令狐峘"行太子右庶子·史馆修撰"这一官衔。

勿以书自命

话说回来,也有人将颜真卿的书法批评得一无是处,譬如明杨慎《墨池琐录》卷二云:"书法之坏,自颜真卿始。自颜而下,终晚唐无晋韵矣。至五代李后主,始知病之,谓颜书有楷法而无佳处,正如叉手并足(拱着双手,并着双脚)如田舍郎翁耳。李之论一出,至宋米元章评之曰:'颜书笔头如蒸饼(蒸馒头),大丑恶可厌。'又曰:'颜行书可观,真(楷书)便入俗品。'"李后主是五代南唐的君主李煜,以风雅而知名。米元章是北宋米芾。"晋韵",指的是东晋王羲之书法所代表的韵致。

尽管李煜、米芾等人批评真卿的书法有失"晋韵",但像前述陆羽所指出的那样,真卿同样是"授右军笔法",只是"点画不似"而已(《僧怀素传》)。那么,真卿是不是在继承王羲之书法"晋韵"的同时,也在尝试革新,从而摆脱"晋韵"创造新的书风?在考察这一问题时，值得注意的是颜真卿与元结（字次山）的交往。大历六年（771），时任抚州刺史的颜真卿为元结撰文的《大唐中兴颂》挥毫，后被刻于永州（今湖南永州）浯溪的石崖上。据北宋董逌的《广川书跋》（卷八《磨崖碑》）记载，颜真卿之所以为其挥毫，乃出于元结的委托。《大唐中兴颂》撰写于上元二年（761），当时元结是荆南节度使吕諲的属官，荆南节度使以江陵为镇所。由于安史之乱，肃宗和上皇玄宗不得不离开长安，而《大唐中兴颂》则是为了庆祝二圣重返长安而作。其后，大历七年（772），元结亡故。时任湖州刺史的真卿为其撰写墓碑，并亲自书丹，而墓碑的末尾，他这样写道："真卿不敏，常忝次山风义（情谊）之末。"

中唐时期，古文运动澎湃而兴，元结作为韩愈、柳宗元等古文家的先驱，韩愈把元结与李白、杜甫并列在一起，视其为唐代"以其所能（自己的才华）鸣"的文学家之一（《送孟东野序》）。韩愈的"鸣"，指的是能够充分表现思想、感情的佳

大唐中兴颂

作。另外，北宋欧阳修，作为韩、柳古文运动的后继者，在其《集古录跋尾》中，对《元次山铭》，即真卿为元结所撰写的墓碑，有如下评价："唐自太宗致治之盛，几乎三代（被视为理想的古代王朝夏、商、周）之隆，而惟文章独不能革五国（六朝）之弊。既久而后，韩、柳之徒出，盖习俗难变，而文章变体又难也。次山当开元、天宝时，独作古文，其笔力雄健，意气超拔，不减韩之徒也，可谓特立之士哉！"清章学诚也在其《〈元次山集〉书后》（《校雠通义·外篇》）一文中，说早在韩愈五十年之前，元结"为古学于举世不为之日"，赞叹他是"豪杰也哉"。在唐代之前的六朝时期，盛行四六骈俪这种以辞藻华丽为尚的文章，其余习延续到了唐代，而古文家为了克服其流弊，超越四六骈俪，便在六朝之前的古代文章中寻求新的典范。在元结墓碑中，对于热切希望通过复古来进行文学革命的元结，真卿说道："其心古，其行古，其言古，躬是三者，而见重于今。"用这一评价来概括真卿对于书法的态度，似乎也无不可。

传到宋代的唐人书法作品，以真卿为最多，正如《集古录跋尾》（《湖州石记》）所言："公所至必有遗迹，故今处处有之。唐人笔迹见于今者，惟公为最多。"甚至还有这样的传言，说真卿晚年驱车出行时，总把石碑带上，遇到事情便书丹刻石，因而各地均留有真卿的石碑（《广川书跋》卷八《放生池碑》）。南宋郑樵《通志·金石略》所著录的真卿的作品，从《大唐中兴颂》以下至《台州刺史康希铣》，共有七十二种之多。尽管有像南唐李煜、北宋米芾那样的酷评，但毫无疑问的是，到了宋代，人们对于颜真卿书法的评价突然高了起来。譬如，作为唐张怀瓘《书断》的续作，朱长文的《续书断》把唐初至北宋熙宁年间（1068—1077）的书法家分为神品三人、妙品十六人、能品六十六人这三个等级。其中，神品三人的首位即是颜真卿，而张长史（张旭）、李阳冰紧接其后。这里的排名，应该是按照各人最擅长的书体，以楷书、草书、篆书的顺序来排列的。

最为值得注意的是，宋人对于颜真卿书法的赞赏，往往与真卿乃节义之人这一人物评价结合在一起，难舍难分。譬如，欧阳修的《集古录跋尾》正是如此。对于《麻姑山仙坛记》，欧阳修评价说"颜公忠义之节，皎如日月，其为人尊严刚劲，象其笔画，而不免惑于神仙之说"，此段引文已见于前述。另外，"颜鲁公书残碑"条云"颜公书如忠臣烈士、道德君子，其端严尊重，人初见而畏之，然愈久而愈可爱也"，"颜鲁公二十二字帖"条云"斯人忠义出于天性，故其字画刚劲独立，不袭前迹，挺然奇伟，有似其为人"。又如苏轼《东坡题跋》，有以下评论："吾观颜公书，未尝不想见其风采，非徒得其为人而已，凛乎若见其诮卢杞而叱希烈。"（《题鲁公帖》）

"书如其人"，不对，评价一个人，较之书法，我们首先应当重视他的为人。两《唐书》对真卿书法评价不多，这对于真卿来说，也许并非耻辱而是一种光荣。提到颜真卿，后世之人往往会想到他的书法，但书法不过是颜真卿在某一方面的表露。而对于真卿自身来说，他的理想，应当是成为一个德艺兼备、均衡发展的人。"慎勿以书自命"，千万不要以书法家自居，真卿并未忘记五世祖颜之推的这一遗训。

后记

POSTSCRIPT

我很早就对琅邪颜氏一族有所关心，最初的论文是刊登于《东洋史研究》卷二十第四期（1962年）的《颜之推小论》，那年我二十五岁。其后，我在《东方学报 京都》五十一册（1979年）发表了名为《颜师古〈汉书〉注》（《顏師古の『漢書』注》）的论文，而最近，又于2018年5月刊行的《杏雨》二十一期发表了题为《本草余闻》的文章，其中专设一章，讨论作为颜氏家族起点的颜含。不仅如此，在上述期间，1987年10月刊行的拙著《书法与道教的周边》（《書と道教の周辺》，平凡社）中，也收录了数篇论述颜真卿与道教关系的文章。本书第五章《抚州刺史时期》及第六章《湖州刺史时期》，有不少是依据旧文有关李含光、张志和，以及《麻姑山仙坛记》《魏夫人仙坛碑》《华姑仙坛碑》的叙述。并且，旧文《成为仙人的颜真卿》（《仙人になった颜真卿》），讨论了在李希烈处迎来死期的真卿，本书第七章《壮烈之死》也与之有所重合。之所以题为《成为仙人的颜真卿》，是因为元赵道一《历世真仙体道通鉴》卷三二为颜真卿立传，说倾心于神仙道教的真卿，虽因李希烈而遭到缢杀，但实际上却成为仙人而得以永生。

在《书法与道教的周边》的《后记》中，我这样写道："一九八四年，当我在中国西安游玩，曾多次到访西安碑林，因为碑林是一个能让我内心安定的地方。或许是因为这一回忆，让我选择了书法作为本书主题之一。尽管如此，对于书法我完全是外行。"从那时起又过了三十年，对于书法我仍是个外行，很遗憾，本书也依旧未能将书法作品作为审美对象来加以鉴赏。至于颜真卿的书法对日本的影响，我的知识也只是停留在神田喜一郎氏的研究："平安朝初期，远赴唐朝首都长安留学的空海，的确学习过一些在彼国新兴的颜真卿书法，并学成归国。但这仅限于空海一人，而对于后世日本的书法，似乎没有多大的影响……无论如何，我国的书法一直是以王羲之为典范。"［《正仓院的书迹》（《正倉院の書跡》），《艺林谈丛》，《全集》第八卷］

上述之事不做细论，在此要事先说明的是，真卿之死,本书暂依殷亮《颜鲁公行状》的记载,定于贞元元年(785)八月二十四日,享年七十有七。然而,关于真卿的卒日及其享年,各资料间的记载互有不同,错综复杂。今以资料的撰写年代为序,列举如下:

殷亮《颜鲁公行状》:贞元元年(785)八月二十四日,七十七岁。

令狐峘《颜鲁公神道碑》:有令人吃惊的矛盾。在开头的记述中,说真卿于兴元元年(784)八月三日,卒于蔡州,但临近末尾,又有如下记载:"贞元初,希烈陷汝州。是时公幽辱已三岁矣,度必不全(绝对不可能平安而归),乃自为墓志,以见其志。是年遇害于汝州之龙兴寺,春秋七十有六。"即贞元元年(785),真卿于汝州(而非蔡州)龙兴寺被杀害,享年七十六岁。这一矛盾实在让人费解。

《旧唐书·颜真卿传》:兴元元年(784)八月三日,七十七岁。另外,卷一二《德宗本纪》贞元元年(785)正月癸丑(十七日)条云:"始闻太子太师·鲁郡公颜真卿为希烈所害,追赠司徒,废朝五日,谥曰文忠。"

《新唐书·颜真卿传》:七十六岁。卷七《德宗本纪》贞元元年(785)八月丙戌(二十四日)条云"李希烈杀宣慰使颜真卿",与《颜鲁公行状》一致。

《资治通鉴》:兴元元年(784)八月壬寅(三

日）。据撰者司马光《考异》，此条乃依据《实录》及《旧唐书》本传。

南宋留元刚《颜鲁公年谱》：贞元元年（785）八月，七十七岁。

清黄本骥《颜鲁公年谱》：贞元元年（785）八月十三日，七十七岁。

以上是各资料的概要。《移蔡帖》云"贞元元年正月五日，真卿自汝移蔡……十九日书"，若相信《移蔡帖》的记载，则兴元元年之说不能成立。

不论好坏，我曾经发表过关于颜之推和颜师古的文章。因而关于琅邪颜氏的最后荣光——颜真卿，虽然已发表过文章，讨论其某一方面，但我仍想试着描画一个完整的颜真卿，故随着兴致，又继续写了一些文字积攒在筐底，而这便是本书的原型。也曾想过将其作为旧著《王羲之——六朝贵族的世界》（《王羲之——六朝貴族の世界》，初版：清水书院，1972年；再版：岩波现代文库，2010年）的姐妹篇来出版，正巧法藏馆编辑部的今西智久先生邀请我写书，因而本书便顺利地得以刊行。在本书中，我竭尽所能来描画一个完整的颜真卿，但这一目标究竟达成了多少，还要交给读者判断。

吉川忠夫
二零一八年十一月三日

参考文献

小川環樹《中国語学研究》（創文社，1977年）第一部《音韻史考説》五《等韻図と韻海鏡源——唐代音韻史の一側面》

川合康三《中国の自伝文学》（創文社，1996年）第六章《自分とは何か——〈自伝〉の登場》

杉村邦彦《顔真卿論》（中国中世史研究会編《中国中世史研究》，東海大学出版会，1970年）

谷川道雄《顔真卿とその時代》（《書論》27，1991年）

《顔真卿と李嶠》（《東方学会創立五十周年記念東方学論集》，1997年。后收入《谷川道雄中国史論集》下巻，汲古書院，2017年）

外山軍治《顔真卿——剛直の生涯——》（創元社，1964年）

西脇常記《唐代の思想と文化》（創文社，2000年）第二章《〈陸文学自伝〉考》

藤善眞澄《安禄山》（人物往来社，1966年。后印本：《安禄山——皇帝の座をうかがった男——》，中公

文库，2000年）

　　吉川忠夫《書と道教の周辺》（平凡社，1987年）

　　《書論》第27号特集《顔真卿とその三稿》（書論編集室編，1991年）

　　《書道全集》第10巻《中国9唐Ⅲ・五代》（平凡社，1956年）

　　《中国書道全集》第4巻《唐Ⅱ・五代》（平凡社，1987年）

　　《書の宇宙》第13巻《書と人と・顔真卿》（二玄社，1998年）

颜真卿年谱

西历	年号	年龄	事迹	相关事项·重要作品等
709	中宗景龙三	1	作为颜惟贞的第六男降生于世。幼名羡门子,字清臣。原籍琅邪郡临沂县。母亲为陈郡殷氏。	
734	玄宗开元二十二	26	进士及第。	
736	二十四	28	平判入等,授秘书省校书郎。	
742	天宝一	34	登文词秀逸科,授醴泉县尉。后迁长安县尉。	卸任醴泉县尉之时,访张旭于洛阳,得授笔法。
746	五	38		《张长史十二意笔法记》
747	六	39	正月,迁监察御史。遂充河东朔方军试覆屯交兵使。	
748	七	40	充河西陇右军试覆屯交兵使。	
749	八	41	复充河东朔方军试覆屯交兵使。八月,迁殿中侍御史。	
750	九	42	因杨国忠的阴谋,出任东都畿采访判官。十二月,官复原职,任殿中侍御史。得玄宗下赐《华岳碑》拓本。	

续表

西历	年号	年龄	事迹	相关事项·重要作品等
752	十一	44	三月，转任武部员外郎判南曹。	十一月，李林甫殁，杨国忠任首席宰相。《多宝塔感应碑》
753	十二	45	任平原太守。	
754	十三	46		《东方朔庙碑》
755	十四	47	于河北地区开展抵抗安禄山运动。	十一月，安禄山于范阳举兵造反。十二月，安禄山占领洛阳。
756	十五 肃宗 至德一	48	正月，以平原太守，加官户部侍郎。三月，兼河北招讨采访使。七月，以平原太守，拜命工部尚书·兼御史大夫·河北招讨采访处置等使。十月，离开平原。	正月，安禄山于洛阳自称大燕皇帝，年号圣武。常山太守颜杲卿为安禄山所获。六月，玄宗离开长安，至蜀地避难。途中，杨国忠、杨贵妃于马嵬驿被害。七月，肃宗代玄宗于灵武即位，改元至德。玄宗退居上皇之位。《皇帝即位贺上皇表》
757	二	49	四月，抵达凤翔，于行在朝见肃宗，拜命宪部尚书。六月，兼御史大夫。十一月，任冯翊太守。	正月，安禄山没。九月，郭子仪军夺回长安。十月，肃宗由凤翔重返长安，玄宗亦由蜀地重返长安。后又夺回洛阳。《让宪部尚书表》

续表

西历	年号	年龄	事迹	相关事项·重要作品等
758	三 乾元一	50	三月，任蒲州刺史。十月，任饶州刺史。	二月，改元乾元。《祭侄文稿》《祭伯文稿》
759	二	51	六月，任升州刺史·浙西节度使兼江宁军使。	《天下放生池碑》《谢浙西节度使表》
760	三 上元一	52	二月，任刑部尚书。八月，贬为蓬州长史。	闰四月，改元上元。
762	宝应一	54	五月，迁利州刺史，未赴任，后任户部侍郎。	四月，玄宗崩。同月，肃宗崩，代宗即位。
763	二 代宗 广德一	55	三月，任吏部侍郎。十月，迁尚书右丞。	七月，改元广德。十月，吐蕃入侵京畿，代宗避难陕州。十二月，代宗重返长安。
764	二	56		《争座位帖》
766	永泰二 大历一	58	二月，贬为硖州刺史。三月，迁吉州司马。	十一月，改元大历。《东林寺题名》《西林寺题名》《赠华州刺史颜显甫碑》《赠太子少保鲜于仲通磨崖碑》
767	二	59		《守政帖》《鲜于氏神道碑》《靖居寺题名》《"祖关"二大字》

续表

西历	年号	年龄	事迹	相关事项·重要作品等
768	三	60	五月，除授抚州刺史。	《颜勤礼碑》
769	四	61		《抚州宝应寺翻经台记》《魏夫人仙坛碑》《华姑仙坛碑》
770	五	62		《宋璟神道碑》
771	六	63		《麻姑山仙坛记》《大唐中兴颂》《抚州宝应寺律藏院戒坛记》《临川集（十卷）》
772	七	64	九月，除授湖州刺史。	《蔡明远帖》《八关斋会报德记》
773	八	65	正月，赴任湖州。	《天下放生池碑》（追立）
774	九	66	正月，《韵海镜源》告成。	《干禄字书序》《湖州乌程县杼山妙喜寺碑》
777	十二	69	八月，任刑部尚书。	四月，元载被诛杀，杨绾任宰相。《茅山玄靖先生广陵李君碑》《与李太保帖》《殷府君（履直）夫人颜君神道碑》
778	十三	70	正月，求致仕而不许，任吏部尚书。	
779	十四	71	充任礼仪使。	五月，代宗崩，德宗即位。

续表

西历	年号	年龄	事迹	相关事项·重要作品等
780	德宗建中一	72	八月，任太子少师。	《世系谱》《颜氏家庙碑》
781	二	73		杨炎因卢杞的谗言而下台。
782	三	74	八月，任太子太师。礼仪使一职被剥夺。	
783	四	75	正月，因卢杞的奸计赴许州，招抚淮宁节度使李希烈。被李希烈拘禁，后被移送蔡州龙兴寺。	正月，李希烈部将攻陷汝州。《蔡州帖》
785	贞元一	77	八月二十四日，被李希烈属下宦官所缢杀。十一月三日，合葬于万年县凤栖原先祖墓地。	

壹卷
YE BOOK

洞见人和时代

官方微博：@壹卷YeBook
官方豆瓣：壹卷YeBook
微信公众号：壹卷YeBook
媒体联系：yebook2019@163.com

壹卷工作室
微信公众号